외국인을 상대로 한 BUSINESS ENGLISH

Power Speaking

무역실무영어

박형훈 지음

太乙出版社

우리 나라의 무역은 마치 갓 태어난 아기처럼 1960년대에 눈을 뜨면서 입초보다는 출초의 경향을 띠면서부터 우리 상품이 보석 박히듯 활발히 구미 각국과 동남아 국가 등에 소개되면서 대호평을 받게 되었습니다. 그후 기업인들의 필사적인 Marketing 활동과 정부의 적극적인 뒷받침으로 지속적인 수출 성장률을 과시해 왔습니다.

이로 인해 해마다 수많은 외국인 관광객들이 끊임없이 우리나라를 찾아오게 되어 한국도 이제는 당당한 국제무대의 일원으로 각광을 받게 되었습니다.

지난 1993년 12월에 다자간 무역협상인 우루과이라운드의 최종적 타결로 국경의 개념이 사라지면서 무역에 관한 장벽이 없어지고 관세의 철폐와 함께 세계 모든 나라들의 상품과 서비스 시장의 문이 활짝 열리면서 이제 우리는 무한 경쟁의 시대에 살고 있습니다. 정보화, 개방화, 국제화 및 세계화의 거센 물결이 지구촌을 휩쓸면서 세계 여러 나라들은 나름대로의 대책을 세우느라 부산한 실정이며, 우리 나라도 예외가 아닙니다.

새 시장의 개척을 위한 전열을 가다듬으면서 해외에 주재하는 한국 상사의 숫자가 늘면서 한국을 찾거나 한국에 주재하는 외국 상사도 속속 증가하고 있습니다.

경제적 발전과 문화적 교류가 활발해지면서 여러 부문에 걸쳐

연구개발의 필요성이 절실해지고 무역에 관한 기술과 실무를 익히고 닦는 것이 무엇보다도 시급해졌습니다.

특수분야의 전문적인 영어 습득의 필요성이 더욱 높아져 가고 있으며 그 중에서도 현재 무역 업무에 종사하고 있거나 외국인을 상대로 하는 상사나 그밖에 관광 단체 등 실제로 일선에서 business나 service를 담당하고 있는 분들의 유창한 영어가 그 어느 때보다도 필요하게 되었습니다.

20대 사장이 나오는가 히면 대통령도 세일즈 외교를 할만큼 우리의 현실은 성숙되었으며 세계 다른 나라도 같은 실정으로 보는데 단순히 말만 유창하게 하는 것으로 충분하지 않으며 말하는 것이 정확하면서도 내용이 충실해야 하고, 상담을 유리하게 이끌어 자기편에게 이익을 가져오도록 설득력을 발휘할 수 있어야 합니다.

대부분의 회사들은 외국 고객을 상대로 하는 일이 점점 늘어나면서 외국어에 능통한 사원을 많이 필요로 하고 있습니다.

세계인들과 함께 현재 일선에서 뛰고 있거나 장차 실무에 임하게 될 학생들을 위하여 도움이 되도록 엮은 것으로 알기 쉽게 꾸미어 흥미를 잃지 않도록 미소로 시작하여 대소로 끝나도록 지은 책으로 드림을 기쁘게 생각합니다.

차 례

5. How to Deal with Complaints

CHAPTER 2

ORDERS (주문)

CHAPTER 3

TRADE BUSINESS (무역실무)

CHAPTER 4

DIALOGUE (대화)

CHAPTER 1

GREETING & GUIDING

인사와 안내

1. How to Greet Foreign Customers
외국 손님을 맞이하는 방법

생산자와 소비자 사이에서 이득을 목적으로 상품을 공급·매매하는 일이 장사이며, 외국과 장사·거래하는 것이 무역이다. 그러나 이득을 목적으로 한다는 것은 이제 옛말이 되었고, 시대가 변하면서 사정이 달라짐에 따라 사람들의 생각도 달라져 손님을 충족시키는 것이 장사이며, 거래처를 충족시키는 것이 무역이란 말이 나오고 있다.

장사를 시작하는 사람에게 맨 먼저 해야할 일을 물으면 가게를 장만하는 일이라고 한다. 이것은 잘못된 말이다. 가게를 정하기 전에 먼저 손님을 충족시킬 수 있는 자랑스런 나를 먼저 만들어야 한다.

외국 손님도 한국 손님처럼 대하면 되는 것이겠지만 보다 상냥하게, 손님이 기분 좋게 물건을 살 수 있도록 해야 한다. 언제나 명랑하고 쾌활한 태도로 손님을 응대해야 한다. 점원이 영어를 잘하는지, 믿을 수 있는 상점인지, 내 마음에 드는 물건은 있는지, 값은 적당한지 등은 찾아오는 외국 손님의 심리상태이므로 이를 잘 읽고 접대하도록 한다.

손님에게 친절하고 상냥하게 하면 손님도 빛이 나고, 점원도 빛이 난다. 따라서 연예인들은 얼굴이 상품인 것처럼 장사나 거래에서는 유창한 영어가 곧 상품이라 할 수 있다. 어떤 외국인은 〈영어를 잘 하는 사람을 만나면 물 만난 물고기와 같은 기분〉이라고 한다.

(1) 외국손님을 맞이할 때 사용되는 칭호와 관용적인 응대의 표현

Sir 〔sər, səːr〕: 님, 씨, 귀하, 선생, 각하
Ma'am 〔mǽm, máːm〕: 마님, 아주머니, 선생님

May I ~? : ~해도 좋습니까? ~해도 괜찮을까요?
Can I ~? : ~해도 좋습니까? ~해도 괜찮을까요?

예문 May I show you around?　　제가 안내해 드릴까요?
주의 구어에서는 can이 may보다 더 일반적으로 흔히 쓰임

(2) 손님에게 하는 인사표현

인사란 남에게 공경하는 뜻으로 하는 예의이다. 외국인 손님에게 공경하는 마음으로 바른 인사를 하면 점원의 임무는 절반은 다 한 셈이며, 손님은 우선 안심할 수 있게 된다. 우리말 인사는 "안녕하세요, 어서 오세요"가 보통이지만 영어에서는 전혀 다른 표현을 한다. "좋은 아침 되세요" "좋은 오후 되세요" "우리 상점에 오신 것을 환영합니다" "네, 손님" "들어오세요" "어서 오세요" 등이 있으며 문장의 강세를 뚜렷하게 하는 것을 볼 수 있다.

예를 들어 "Good morning, sir"란 아침인사에서 (굿) 보다는

(모)를 강하게 하는 것을 알 수 있는데 잘못하여 (군)을 강하게 하고 (모)를 약하게 하면 "안녕히 가십시오, 안녕히 계십시오"의 표현이 됨으로써 주의할 필요가 있다. 찾아온 손님에게 "안녕히 가십시오"의 인사를 한다면 웃음이 나올 일이다.

인사표현

"Gòod mórning, ma'am."

"Gòod afternóon, ma'am."

"Gòod évening, sir."

"Welcome to our store, ma'am."

"Come ríght in, please."

"Come on in."

"Step ríght in, ma'am."

"You're most welcome."

"Yes, sir."

(3) 「무엇을 찾으세요?」의 관용적인 표현

May I help you?

Can I help you?

What can I do for you?

What can I show you?

Is there anything I can do for you?

⑷ 손님이 이것저것을 보거나 무엇인가 찾고 있는 것 같을 때

I hope you find something you like.

찾으시는 물건이 있기를 바랍니다.

(마음에 드시는 물건이 있기를 바랍니다)

⑸ 손님이 특별한 상품에 관심을 보일 때

I notice that you're interested in + 상품명

손님 ~을 사실 모양이군요.

Are you looking for + 상품명?

손님 ~을 찾고 계십니까?

May I ask if you're looking for + 상품명?

혹시 ~을 찾고 계신지요?

⑹ 안면이 있는 손님이 왔을 때

How are you, Mr. Baker?

브라운씨 안녕하세요.

What can I do for you today?

오늘은 무엇을 도와 드릴까요?

(7) 손님의 답변

I want + 상품명

Please show me + 상품명

Let me see + 상품명

(8) 점원의 답변

Yes, sir.   Yes, ma'am.

Very well, sir.   Certainly, ma'am.

(9) 손님이 물건을 다 사고 계산을 끝내면

Thank you very much, sir.   대단히 감사합니다, 손님.

Please come again.   또, 오세요.

It's a buy.   그건 잘 사신 물건입니다.

It's a good buy.   그건 싸게 잘 사신 물건입니다.

You'll like it.   써보시면 마음에 드실 겁니다.

2. How to Speak Over the Telephone
전화를 거는 법

현대는 비즈니스 시대이며 비즈니스에 있어서 전화는 매우 중요한 역할을 한다. 따라서 현대의 사업가는 영어로 전화하는 법을 알아두지 않으면 안 된다. 간단한 이야기나 의논은 전화로 결정짓는 수가 많으며, 약속이나 상담을 위하여 상대편의 형편을 묻는 경우 등 모두가 전화로 이루어진다.

요즘은 성능이 좋아서 잘 알아들을 수는 있으나 상대편의 표정이나 몸짓을 볼 수가 없고, 전화에서 사용하는 특별한 표현들이 몇 가지 있어서 신경 써야 할 어려움이 뒤따른다.

전화로 영어회화가 척척 된다면 영어를 잘하는 사람이라고들 한다. 전화로 통화를 할 때 상대편에서도 역시 알아듣기 힘드는 것임으로 다음과 같은 주의와 요령을 알아두면 좋다.

첫째, 천천히 말한다.

둘째, 명확하게 말한다.

셋째, 강세(accent)가 있는 곳은 똑똑히 붙이는 것이 좋다.

넷째, 미리 용건 등을 메모해 두었다가 그것을 읽으면서 통화한다.

(1) 전화 거는 사람의 자기소개

This is In-ho Kim speaking.

저는 김 인 호입니다.

This is In-ho Kim of the Dong Myung Trading Company.

저는 동명 무역의 김 인 호입니다.

This is a friend of Robert Brown in L.A.

저는 L.A에 있는 로버트 브라운씨의 친구입니다.

Hello. Is this the Pacific Trading Company?

여보세요. 거기가 퍼시픽 무역회사입니까?

May [Can] I speak to Mr. Brown?

브라운씨와 통화할 수 있나요?

Who am I speaking to?

전화 받으신 분은 누구 신가요?

This is the General Manager of D. M. T.

저는 동명 무역의 총지배인입니다.

I wonder if you remember me.

저를 기억하시는지요.

We met at Mr. Brown's party the other day.

일전에 브라운씨 파티에서 만났었지요.

this [ðis] : (전화에서) 저는, 나는
Is this~ : (전화에서) 댁은, 당신은 ~입니까? 거기가 ~입니까?
pacific [pəsífik] : (the ~) 태평양
trading [tréidiŋ] : 상업에 종사하는, 통상용의
company [kʌ́mpəni] : 회사, 조합, 상회
general manager [ʤénərəl mǽniʤər] : (미) 총지배인
wonder [wʌ́ndər] : ~이 아닐까 생각하다.
I wonder if + 주어 + 동사 : ~이지 않을까, ~일는지요
remember [rimémbər] : 기억하다, 기억하고 있다.
the other day [ði ʌ́ðər déi] : 일전날 (약 1주일 정도전)

(2) 전화를 받는 사람

Hello. This is Kim Myung-ja speaking.

여보세요. 저는 김 명 자입니다.
(여보세요. 김 명 자 전화 바꿨습니다)

Who's calling, please?

전화하신 분은 누구 신가요?

Yes, it is.

(거기가 ~입니까라는 질문은 받고)
네, 그렇습니다.

This is Kim.

제가 김입니다.

This is he [she]. (찾는 사람이 본인일 때)

본인입니다.

Who's speaking, please? (나에게 온 전화가 아닐 때)

누구시라고 할까요?

Hold on, please. (전화를 바꿔 줄 때)

기다리세요.

Who do you wish to talk to?

어느 분을 찾습니까?

I'm sorry, but Mr. Kim is out now.

미안합니다만 외출중입니다.

Check Point

---

hold on [hould ɔn] : 끊지 않고 기다리다.
out [áut] : (보통 be 동사와 함께 쓰여) 외출하여, 부재중
out to lunch : 식사중, 식사하러 나가 있음
He's out to lunch. 그분 식사하러 나가 있습니다
be out + 장소의 부사구 : ~에 (나가)있다
　　ex) Father is out in the garden. 아버지는 정원에 (나가) 계신다

⑶ 잘 알아들을 수 없는 경우

Pardon? Say that again, please. Beg your pardon?

한 번 더 말씀해 주세요.

Would you speak a little more slowly?

좀 더 천천히 말씀해 주시겠습니까?

I can't hear you very well.

감이 멉니다. 잘 안 들립니다.

Please speak a little louder.

좀 더 크게 말씀해 주세요.

Check Point

pardon [páərdn] : (죄송합니다만) 뭐라고 말씀하셨는지요
　　　　　　　n. 용서, 사면, 특사, 은사
　　　　　　　vt. 용서하다, 눈감아주다, 사면·특사하다
beg [beg] : 부탁하다, 간청하다, (돈, 옷, 밥) 등을 구걸하다, 빌다
a little more : 조금 더
hear [hiər] : vi. 들리다, vt. ~이 들리다
a little [ə lítl] : 약간
louder [láudər] : ad. 더 큰 소리로

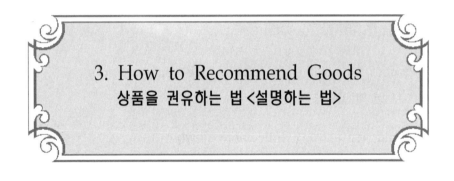

3. How to Recommend Goods
상품을 권유하는 법 <설명하는 법>

점원은 손님이 물건을 살 때까지 손님의 심리적인 움직임을 잘 파악하여 그때그때 설명하는 방법에 가감해야 하는데 우선 손님이 사고자 하는 물건에 주의력을 기울이게 해야하고, 상품에 대한 손님의 흥미를 강하게 해주면서, 갖고 싶은 욕망이 일어나게 해야 한다.

팔고 싶은 상품에 손님이 충분히 관심을 기울이도록 하는 것이 설명의 목적인데 손님의 연령·직업·성별·교양 등을 잘 감안해서 적절히 방법과 형식을 선택하는 지혜가 필요하다.

(1) 손님의 주의를 끌 수 있는 표현

Good afternoon, sir. Can I help you?
어서 오세요, 뭘 찾으십니까?

We have quite a new variety here.
여러 가지 신품종이 있습니다.

Would you please come this way and see them?

이리 오셔서 구경 하실까요?

How do you like this handbag?

이 핸드백 어떻습니까?

It's the newest thing just put out.

방금 나온 신제품입니다.

This is really a good one.

이건 정말 좋은 것입니다.

It's a new style and the color is very beautiful.

그건 신형인데다가 색깔도 아주 좋습니다.

We have some of these, too.

또 이런 것들도 있습니다.

Many foreigners are buying them.

많은 외국인들이 사갑니다.

These are very popular among foreigners.

이 물건들은 외국인들 사이에 대단히 인기가 있습니다.

These will soon be sold out.

곧 품절 될 것입니다.

Do you have anything special in mind?

뭐 특별한 거라도 찾으시나요?

quite a [an] 〔kwaitə〕: 사실상, 거의, 말하자면, ~이나 다름없이
new variety 〔nju: vəráiəti〕: 신종류, 신품종
way 〔wei〕: 쪽, 방향, 《구》 근처
this way : 이리로
my way : 내 쪽으로
the newest thing 〔ðə njuːist〕 : 신제품
just put out : 방금 나온
put out : 밖으로 내다, 하청 주다, 출판하다, 발표하다
really 〔ríːəli〕: 정말로, 참으로, 착실히
　　　　　　　〔ought to, should를 강조하여] 실은, 사실은
one 〔wʌn〕: (~의) 것 「사람」
style 〔stail〕: 스타일, 유형(형)
foreigner 〔fɔ́ːrinər〕: 외국인, 외인, 이방인, 외국제품, 외국선
popular 〔pápjulər〕: 인기 있는, 평판이 좋은, 대중적인
among 〔əmʌ́nŋ〕: ~의 사이에
be sold out : 품절 되다
in mind : 마음에
anything special : 특별한 것

(2) 흥미를 끄는 표현

Can I show you how to open?
여는 법을 가르쳐 드릴까요?

This is opened this way.
이것은 이렇게 하면 열립니다.

Please have a try.
한번 해 보시죠.

Just try it once.

한번 시험해 보시죠.

The directions are printed in this pamphlet.

사용방법은 이 팜플렛에 쓰여 있습니다.

What a sweet smell!

참 냄새가 좋다!

Please try a piece.

한 점 드셔보시지요.

Please taste it. Please try it.

한번 맛을 보시지요.

Check Point

show〔ʃou〕: 가르쳐주다, 안내하다, 보이다, (~이라는 것을) 나타내다,
　　　　　 (감정·기분 등을) 나타내다, 전시하다
how to + 동사원형 : ~하는 방법 how to drive 운전하는 법
this way : 이 방법으로, 이 수단으로, 이런 식으로, 이리로
have a try : 해보다 (= have a try at [for] it)
try〔trai〕: n. 해보기, 시험, 시도, 노력
　　　　　 vt. vi. 노력하다, 해보다, 힘쓰다, 시도하다, 시험하다
directions〔dirékʃənz〕: pl. 사용법, 명령, 지령, 지휘, 지시
　　　　　　　　　　 [단수] 방향, 방면, 경향, 지도
are printed : 인쇄되어 있다, 찍혀 있다
print〔print〕: 인쇄[출판]하다, 프린트하다, 간행하다. n. 인쇄
taste〔teist〕: vt. 음식을 맛보다, 시식하다, 경험하다, 맛보다, 겪다,
　　　　　　 ~의 맛이 나다　vi. 음미하다, 맛보다

(3) 소유하고 싶은 충동을 일으키는 표현

This is very becoming to you.

이건 손님에게 잘 어울립니다.

This does become you wonderfully well.

이것은 손님에게 정말 놀랄 만큼 (훌륭하게) 잘 어울립니다.

This is selling like hot cakes. This is selling very fast.

이 물건은 지금 날개가 돋친 듯이 (불티나게) 팔립니다.

We made it just recently.

저희들이 만든 지 얼마 안됐습니다.

This is the best quality of the goods we have at present.

이 물건은 현재 우리가 가지고 있는 상품 중에서 최고품입니다.

From what I have sold, practically many foreign customers buy these.

지금까지 팔아본 바로는 사실 많은 외국 손님들이 다 이 물건을 사가십니다.

Check Point

become 〔bikʌ́m〕: ~에 어울리다, ~이[가] 되다
wonderfully 〔wʌ́ndərfəli〕: 훌륭하게, 이상하게(도), 놀랄 만큼, 경이적으로
like hot cakes : 날개돋친 듯이. sell [go] like hot cake 날개돋친 듯이 팔리다
recently 〔ríːsntli〕: 요즈음, 요사이, 근래, 최근(에) quite recently 아주 최근
the best quality : 최고급
quality 〔kwɑ́ləti〕: 질, 품질, 특성, 특질, 특색, 우량질, 음질, 음색
of the goods we have : 우리가 가지고 있는 상품 중에서
                     we 앞 관계대명사 that이 생략
at present 〔ət préznt〕: 현재, 요즈음, 오늘날에는

---

from : ~으로(판단하여), 미루어 보건 데, 바에 의하면
what I have sold : 내가 지금까지 팔아왔던 것(바)
foreign customers 〔fːrin kʌ́stəmər〕 외국 손님

⑷ 설명이 끝난 후 신속히 돈을 지불토록 하는 표현

You'll take this, now?

이것을 사시겠어요?

You've picked out a good one.

좋은 것을 고르셨습니다.

Only at our store it's being sold at this price.

우리 상점에서만 이 가격에 팔리고 있습니다.

At any other store you can't have this price.

다른 상점에서는 이 가격에 사실 수 없습니다.

If you reserve it we'll deliver it to you later.

만일 예약하시면 나중에 보내드리겠습니다.

This is all we have. No stock at all.

이것밖에 없습니다. 재고품이 하나도 없습니다.

Check Point

take 〔teik〕: 사다, 잡다, 얻다, 받다, 선택하다, 가지고가다, 데리고 가다,
　　　사용하다, 이용하다
pay for it : 대금을 치르다

pick out : 고르다, 화내다, 찍어[쪼아]내다, 뜻을 해독하다, 장식하다,
　　　　　들어서 외운 대로 연주하다
is being sold : 팔리고 있다 ; be being + 과거분사 = 현재진행수동태로 주
　　　　　어가 지금 ~되어지고 있다
at this price : 이 가격으로[는] : at [수량, 값·비용의 뜻으로] ~로, ~에
can't have this price : 이 가격으로 구입할 수 없다
reserve 〔rizə́:rv〕: (훗날을 위하여) 남겨[떼어]두다, 예약해두다, 확보해두다,
　　　　　지정하다
deliver 〔dilívər〕: 인도하다, 배달하다, 납품하다, 의견을 말하다, 넘겨주다,
　　　　　전언 등을 전하다
later 〔léitər〕: 뒤에, 나중에　a. 더 늦은, 더 뒤의, 더 최근의
all we have : 우리가 가지고 있는 전부, 우리에게 있는 모두
no ~ at all : [전체부정을 나타내어] 하나도 없다
stock 〔stɑk〕: n. 재고품, 사늘인 물건, 저상품, 서장, 비축, 축적, 가축, 공채
　　　　　증서, 주식, 주

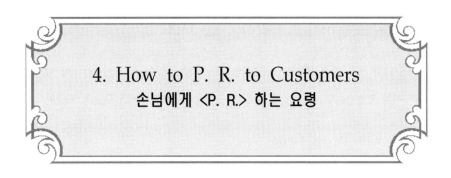

4. How to P. R. to Customers
손님에게 <P. R.> 하는 요령

　상사의 존재와 상품을 널리 알리는 기회를 가장 유효하게 이용하기 위하여 손님에게 상점을 구경시키는 법과 P. R.을 어떻게 하는 것이 가장 효과적인가를 미리 연구하고 준비하는 것은 고객의 만족을 위해 꼭 필요한 단계이다.

　영문 또는 양국어로 된 설명서는 고객이 보았을 때 더 이상의 추가설명이 필요 없이 상품에 관한 충분한 이해와 지식이 되도록 작성되어야만 소기의 P. R. 목적을 달성할 수 있다. 손님을 안내해서 P. R.을 성공적으로 하려면 영어를 잘하는 점원이나 사장이 친절하게 손님을 대하면 되는데 무엇보다도 타인에게 호감을 주어야 하기 때문에 시종 웃으면서 겸손한 태도로 맞이해야 한다.

　응접실 등에 정중히 안내한 다음 자기 상점만이 취급하는 독특한 상품 또는 상점의 조직체계 등에 대한 팜플렛을 기증한 다음 안내인이나 사장이 손님을 향하여 자기소개를 시작한다.

How do you do? We're so happy to welcome you here at our store.
처음 뵙겠습니다. 저희 상점에 오신 손님을 환영하게 되어 대단히 기쁩니다.

Il-ho Kim is my name.
김 일 호라고 합니다.

Kim is my last name and Il-ho is my first name.
저의 성은 김이고, 이름은 일호입니다.

You can call me Kim, please.
김이라 불러 주십시오.

I'd like to show you around in our store.
저희 상점을 모시고 다니면서 구경시켜 드리겠습니다.

As the pamphlet explains, on the first floor, we have mainly bicycle.
팜플렛에 설명되어 있는 것처럼 일층에는 주로 자전거류가 있습니다.

If you have any questions about them, please ask me.
질문이 있으면 저한테 질문하시기 바랍니다.

Come this way, please.
이쪽으로 오십시오.

Please come right in this room.
네, 이방으로 들어 가실까요.

In this room we have mainly sectional bicycles made by newly-developed technique.

　　이 방안에 주로 새로 개발한 기술로 만든 조립식 자전거가 있습니다.

This pamphlet explains practically everything.

　　이 팜플렛에 실제로 모든 것이 잘 설명되어 있습니다.

(2) 안내를 마치고 다시 응접실로

　　응접실에는 계절에 맞는 음료수, 과자 등을 준비해 놓고 안내 받은 손님에게 정중히 권하면서 쉬게 한다. 손님은 구경한 상품을 칭찬하면서 질문도 하는데 이때 추가적인 설명을 해야한다. P.R.을 위한 인쇄물이나 조그마한 선물을 준비해 두었다가 손님이 가려는 눈치를 보일 때 선사하면 좋다.

(3) 안내를 받고 가는 손님에게 해야할 표현

Please take these with you.

　　이것들을 가져가십시오.

I'd like to present you.

　　선물로 드리고 싶습니다.

If there's anything we can do for you, please give us a call to 75-5590.

　　저희한테 볼일이 있으시면 75-5590으로 전화해 주십시오.

Thank you again for coming to our store.

저희 상점을 찾아 주셔서 다시 한번 감사드립니다.

Hope you'll come again. Goodby.

또 찾아주시기 바랍니다. 안녕히 가십시오.

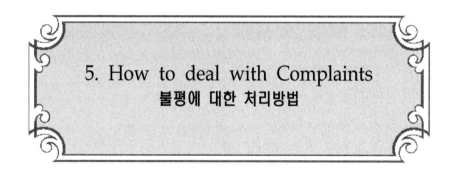

5. How to deal with Complaints
불평에 대한 처리방법

거래 당사자들 중 어느 한쪽이 계약에 반하는 결과로 다른 편에 손해나 피해를 끼칠 경우 피해자가 그에 대해 불평을 하게 되는데 특히 외국인의 고객이나 주문한 사람으로부터 불평이 올 경우엔 언어의 장벽 때문에 의사 소통이 잘 되지 않아서 이를 원만히 해결한다는 것은 실로 곤란한 문제인 동시에 가장 중요한 문제이기도 하다. 그리고 또 하나의 애로가 있다면 그것은 쌍방 사이에 감정적 대립이 될 수도 있는데 이때는, 말은 신중하게 하고 태도는 냉정해야 한다.

(1) Claim이나 Complaint 대한 원인분석

⑴ seller (파는 사람)가 원인인지

⑵ buyer (사는 사람)가 원인인지

⑶ seller 또는 buyer 쌍방이 원인인지

⑷ 제 3 자가 원인인지

⑸ 고의로 불평하는 것인지

(2) 고객이 불평을 하는 이유

(1) 기대했던 날에 물건을 받지 못했을 경우

(2) 견본보다 질이 나쁠 때

(3) 주문 수량이 모자랄 때

(4) 금액 계산이 잘못 되었을 때

(5) 질이 나빠서 자주 고장이 나거나 망가질 때

(6) 사용해본 사람이 와서 불평을 하고 갔을 때

(3) 판매한 사람이 잘못인 경우

바로 정중히 사과하고 고객의 요구대로 즉시 보상하여 신속히 매듭을 지어야 한다.

(4) 고객이 잘못한 경우

고객은 왕이므로 비록 실수가 있다 하더라도 스스로 깨닫도록 그 사실 내용을 차근차근 설명해 나가는 것이 필요하며, 책하는 식의 신중하지 못한 말은 절대 금물이다. 이렇게되면 설사 No! 라고 고객의 요청을 거절한다해도 호감을 갖게되고, 값이나 또는 다른 편의·조건 등을 서로 잘 조정하면 새로 주문을 받을 수도 있게 된다.

(5) 제3자(Transportation Agency)의 잘못

무역에서는 대부분이 보험회사의 책임으로 해결되는데 가장 손해를 보는 것은 고객이다. 판매한 사람이 자기측 잘못이 아니라고 해서 고객의 손해를 무시해버리지 말고 될 수 있는 대로 고객 편에 서서 협력하여 문제해결에 노력해야 한다.

(6) 불평을 받고 유의할 점

⑴ 감정적으로 불평해온다는 점
⑵ 조용히 인내를 가지고 들어줄 것
⑶ 상대편의 입장에 동정을 표하여 고객의 기분을 회복시켜 줄 것

불평 1 송장의 금액 계산 착오

A : Hello. This is In-ho Kim of the D.M.T. Company.
Can I help you?

B : Mr. Kim. This is Robert Brown of M.T.T. Company.

A : Yes, Mr. Brown. It's very nice to hear your voice.
I recognize your voice.

B : We have a complaint against you about the invoice.

A : You mean there was an error in calculation?

B : Yes, Mr. Kim.

A : I'm very sorry to have troubled you, Mr. Brown.
This is surely our miscalculation.
I'll be sure to give you back the balance.
May I ask you to wait for it till tomorrow?

B : All right, Mr. Kim.

A : 여보세요. 동명무역의 김 인 호입니다.
　　무엇을 도와드릴까요?

B : 김씨, MT 무역회사의 로버트 브라운입니다.

A : 네, 브라운씨 음성을 들으니 대단히 기쁘군요.
　　음성을 알아보겠습니다.

B : 송장 건에 관해서 귀사에 불평이 있습니다.

A : 계산상에 착오가 있었단 말씀인가요?

B : 네, 미스터 김.

A : 브라운씨, 폐를 끼쳐드려 정말 죄송합니다.
　　정말 저희들의 계산 착오입니다.
　　차액은 틀림없이 돌려 드리겠습니다.
　　내일까지 기다려 주시겠습니까?

B : 좋습니다, 미스터 김.

In-ho Kim of : ~의
Robert Brown of : ~의
It's very nice to~ : ~해서 대단히 기쁘다(흐뭇하다)
to hear : 들으니, 들어서 ; 감정을 나타내는 to 부정사의 부사적 용법
voice [vɔis] : 목소리, 음성, 목소리의 특색, 성부, 가수, 발성법
recognize [rékəgnàiz] : 알아보다, 인지하다, 인정하여, 승인하다
complaint [kəmpléint] : 불평, 불만, 푸념, 투덜거림, 불평거리, 민사의 고소
have a complaint against : ~에 불평[불만]이 있다
invoice [ínvɔis] : 송장, 송장에 의한 송부
You mean : ~이란 말인가, ~하다는 말인가
there was an error : 착오가 있었다.
erro [érər] : 잘못, 틀림 《in, of 》, 과실, 죄, 그릇된 생각, 오차, 착오, 오심
in calculating : 계산상에; 전치사 다음에 올 수 있는 품사는 명사, 대명사,
　　　　동명사 (동사 + ing)
calculating [kǽlkjuleitiŋ] : 계산하는 것, 산정하는 것
trouble [trʌ́bl] : 괴롭히다, 애먹게 하다, 걱정시키다, 성가시게 하다
miscalculation [mìskæ̀lkjuléiʃən] : 계산착오, 오산
I'll be sure to~ : 나는 꼭 ~ 할 것이다, 나는 틀림없이 ~할 것이다
give you back : 너에게 돌려주다
the balance : 차액, 차감 잔액, 나머지, 잔여, 거스름돈
May I ask you to~ : ~하도록 부탁해도 괜찮을 까요
Wait for till~ : ~까지 기다리다
All right : 더할 나위 없는, 아주 좋은
sure to~ : 꼭 ~하는, 틀림없이 ~하는

불평 2 부족 인도

A : D.M.T. Company, Mr. Kim speaking.
Can I help you, sir?

B : Mr. Kim, M.T.T. Company, Mr. Brown.
We have a complaint against you about short delivery.

A : There was something laking?

B : Yes, 10 glasses were found lacking.

A : I'm very sorry, Mr. Brown.
I must apologize to you for the trouble.
Apparently, they must have been short-packed,
Mr. Brown.
You'll soon have replacements by airfreight.

B : I'd appreciate it if you would.

. . . .

A : 동영무역의 김입니다. 무엇을 도와드릴까요?

B : 미스터 김, M.T.T. 무역의 미스터 브라운입니다.
부족 인도건에 대해서 귀사에 불평이 있습니다.

A : 물건이 부족했습니까?

B : 네, 잔이 10개가 모자랐습니다.

A : 미스터 브라운, 정말 죄송합니다.
폐를 끼쳐드려서 사과 드립니다.
브라운씨, 분명히 모자라게 포장되었습니다.
항공화물 편으로 곧 대체물을 보내드리겠습니다.

B : 그렇게 해주시면 감사하겠습니다.

Check Point

complaint〔kəmpléint〕: 불평, 불만, 푸념
have a complaint against : ~에 불평[불만이 있다]
against〔əgènst〕: prep. conj. ~에 반대하여, 반항하여, ~에 거슬러서 ~
short delivery : 부족 인도
something〔sʌ́mθiŋ〕: pron. 무엇인가, 어떤 것, 어떤 일
lacking〔lǽkiŋ〕: a. 모자라는, 부족하여
were found lacking : 모자란 것을 알았다
trouble〔trʌ́bl〕: n. 불편, 폐, 성가심, 귀찮음, 근심, 걱정, 고뇌, 괴로움
for the trouble : 폐를 끼쳐드려, 불편을 드려, 성가시게 하여
apparently〔əpǽrəntli〕: ad. 분명히, 명백히, 보기에, 보매, 외관상으로
must have been : ~이었음에 틀림없다.
      must have + 과거분사 = [과거의 추측] : ~했음에 틀림없다
short-packed : 모자라게 포장한
short-packed items : 부족분[부족품 품목]
You'll soon have : 당신은 곧 받게 될 것이다
replacements〔ripléismənt〕: n. 대체물, 후계자, 반환, 복직, 복위
by airfreight〔bai ɛ́ərfrèit〕: 항공화물 편으로
appreciate〔əprí:ʃèit〕: vt. 사람의 호의 등을 고맙게 생각하다, 감사하다
airfreighter〔ɛ́ərfreitər〕: 화물수송기
I greatly appreciate your kindness : 친절에 깊이 감사드립니다

불평 3 파손 품이 있을 때

A : Mr. Kim speaking. Can I help you, sir?

B : M.T.T. Company Mr. Brown speaking.
Mr. Kim, We have a complaint against you
about the article.

A : Oh, the article has been broken?

B : Yes, Mr. Kim. One of 50 cartons has been
badly dented and 10 plates have been broken.

A : Very sorry, Mr. Brown.
This, I believe, was damaged by the rough
handling of the carrier of the D.H. Forwarding
Company.
We'll soon get in touch with the company.
Anyway you'll soon receive damaged units.
Just wait for a couple of days.

B : All right, Mr. Kim.
We're in urgent need of replacements.

A : 김입니다. 무엇을 도와드릴까요?

B : M.T.T. 회사에 브라운입니다.
　　미스터 김, 물품에 관해서 불만이 있습니다.

A : 아, 물건이 파손 됐습니까?

B : 네, 미스터 김. 50개 판지상자 중 하나가 몹시 찌그러져서
　　접시 10개가 깨져 있었습니다.

A : 브라운씨 대단히 죄송합니다.
　　이번 일은 D.H. 운송회사의 운반인이 거칠게 취급했기
　　때문에 파손된 것으로 믿어집니다.
　　곧 운송회사에 알아보겠습니다.
　　어쨌든 파손된 개수는 곧 받도록 해드리겠습니다.
　　이틀만 기다려 주시기 바랍니다.

B : 좋습니다, 미스터 김.
　　대체품이 급하게 필요합니다.

Check Point

article [ɑ́ərtikl] : 물품, 물건, 품목, 기사, 논설, 조약·계약 등의 조항, 조목
　　vt. 조목별로 쓰다, 열거하다, 도제계약으로 고용하다
has been broken : 깨어져 있었다
break [breik] : vi. vt. 깨뜨리다, 부수다, 쪼개다, 찢다, 돌로 꺾다, 가지 등
　　을 꺾다, 길을 열다, 트다, ~의 뼈를 부러뜨리다, ~의 관절을 삐
　　게 하다, 새 분야를 개척하다, 고장내다
one of 50 cartons : 50개의 판지상자 중 하나
carton [kɑ́ərtn] : 판지상자, 판지, 과녁복판의 흰 별, 명중한, 담배 한 보루]

---

has been badly dented : 몹시 찌그러져 있었다

badly [bǽdli] : ad. worse-worst ; 나쁘게, 서투르게, 대단히, 몹시
　　　[want, need]를 수식

dent [dent] : vt. vi. 움푹 들어가[게 하]다, 손상시키다, 약화시키다

plates [pleit] : 납작하고 둥근 접시, 접시류, 금·은제, 도금한 식기류

have been broken : 깨어져 있었다

I believe : 나는 ~이라고 생각한다, ~라고 여긴다

was damaged by : ~해서 깨어졌다

rough handling : 난폭한 취급

carrier [kǽriər] : 운반인 《미》, 우편 집배원 《영》, 운송업자, 운송회사,
　　　보균자

forwarding company [fɔ́ərwərdiŋ kʌ́mpəni] : 운송회사

get in touch with : ~에 전화 연락하다

damaged unites : 파손 개수, 파손 대수

a couple of days : 이틀

be in urgent need of : ~이 급히 필요하다

urgent [ə́ːrdʒənt] : 다급한, 긴급한, 죄어치는, 재촉이 성화같은

replacement [ripléismənt] : 대체물, 보충병, 복직, 제자리로 되돌림

forwarding [fɔ́ərwərdiŋ] : 운송, 발송, 회송, 추진, 촉진, 초벌 마무리

불평 4 사소한 물품 손상

A : Ilssan Elec-com, Mr. Lee speaking, sir.
Can I help you?

B : Mr. Lee. Mr. Brown of Union Trading Company.
We've duly received 10,000 cases of Wave Buster.
Well, we've had complaint from our customers.

A : What's wrong with them?

B : Some of the cases, about 50 of them, have been
scratched.

A : Have they been badly scratched, Mr. Brown.

B : No, just slightly scratched.
The contents are O. K. but it's a matter of a
feeling, you know.

A : You can say that again, Mr. Brown.
You have a point there.

A : 일산 전자회사, 미스터 리입니다.
　　무엇을 도와 드릴까요?

B : 미스터 리, 유니온 무역의 미스터 브라운입니다.
　　웨이브 버스터 10,000 상자는 기일대로 인수했습니다.
　　그런데 고객들로부터 불만을 받고 있습니다.

A : 물건에 이상이 있습니까?

B : 상자 중에서 대략 50개가 긁혀 있었습니다.

A : 브라운씨, 많이 긁혔던가요?

B : 아니오, 그냥 약간만 긁혔습니다.
　　내용물은 이상이 없지만 기분 문제가 아니겠습니까?

A : 말씀 잘하셨습니다.
　　바로 그 점입니다.

duly 〔djúːli〕: ad. 기일대로, 시간대로, 때에 알맞게, 정식으로, 온당하게
receive 〔risíːv〕: vt. 받다, 수취하다, 신청 등을 접수하다, 수리하다, 힘·무게·적 등을 받아내다, 버티다
wave buster 〔wéiv bʌ́stər〕: 전자파 파괴 장치
buster 〔bʌ́stər〕: 《미구어》n. 파괴하는 사람이나 물건, 난장판, 법석, 엄청난 것, 거대한 것
we've had : 우리는 계속 받아왔다 (현재 완료형의 계속용법)
complaint 〔kəmpléint〕: n. 불평, 불만, 푸념, 투덜거림, 불평거리
customers 〔kʌ́stəmər〕: n. 거래처, 고객, 단골
what's wrong with~ : 《구》~가 어떻단 말인가, 어디가 마음에 안 드는가
after [upon] due consideration : 충분히 고려한 뒤에
some of + 복수명사 : ~중에 일부
have been scratched : 긁혀져 있었다
　　　　　　have been + 과거분사 = 현재완료 수동태
scratch 〔skrætʃ〕: vt. vi. 긁다, 할퀴어 상처를 내다, 할퀴다, 긁어 파다
they = cases : n. 상자, 용기, 한 상자의 분량, 한 조, 한 벌
badly 〔bǽdli〕: ad. 몹시, 대단히, 심히, 나쁘게, 서투르게,
　　　　《구》슬퍼하는, 후회하는 badly wounded : 중상을 입어
just 〔dʒʌst〕: ad. a. 완료형·과거형과 함께 이제 방금, 막
　　　　《구》아주, 정말, 확실히, 오직, 단지, 조금, 다만
slightly 〔sláitli〕: ad. 약간, 조금, 가볍게, 약하게, 가늘게, 호리호리하게
contents 〔kántent〕: n. [pl.] 그릇의 속 알맹이, 내용물, 서적 등의 차례
O.K., OK 〔òukéi, 미 + óukèi〕: all correct를 일부러 Oll Korrect라고 쓴데서 유래 《구》좋은, 괜찮은, 지장 없는, 빈틈없는
a matter of~ : ~에 관한 문제, 대략, 대개
　　　　a matter of life and death : 생사의 문제
(a) feeling(s) : n. 기분, 느낌, 인상, 촉감, 감각, 의견, 예감 《of》. pl. 감정, 정
point 〔pɔint〕: n. 요점, 끝, 점, 점수, 문제가 되는 점, 문제[점]
you know : 《구》[단지 간격을 두기 위해, 다짐하기 위해] 보시다시피

(7) 사소한 손상에 대한 사과와 처리

A : Very sorry to have troubled you, Mr. Brown.
Would you mind sending them back to us?
We'll gladly change them for new ones.

B : I'd appreciate it if you would.
We'll send them back to you by air cargo.

A : Well, you can deduct this air fare from your
payment to us, Mr. Brown.

B : No objection, Mr. Lee.

A : Really thank you for not making a claim against
us, Mr. Brown.
That won't happen again, I tell you.
Hope you'll make a big profit on our Wave Busters.

. . . .

A : 폐를 끼쳐드려서 대단히 죄송합니다.
그것들을 저희에게 돌려 보내주셨으면 합니다.
저희가 쾌히 새것들로 바꿔드리겠습니다.

B : 그래주면 고맙겠습니다.
그것들을 항공화물 편에 보내 드리겠습니다.

A : 저, 그런데 항공 요금은 귀사가 저희에게 지불할 것에서 공제하셔도 됩니다.

B : 좋습니다.

A : 저희에게 클레임을 걸지 않으셔서 감사드립니다. 그런 일은 또 일어나지 않을 것으로 장담합니다. 저희 웨이브 부스터로 재미보시기(많이 버시기) 바랍니다.

Check Point

to have troubled you : 폐를 끼쳐서
would you mine + 동명사 (동사원형 + ing)
send + 사물 + back to~ : 사물을 ~에게 돌려보내다
gladly [glǽdli] : ad. 쾌히, 기꺼이, 즐거이
new ones : 새것들
appreciate [əprí:ʃièit] : vt. 사람의 호의 등을 고맙게 생각하다, 감사하다
I'd appreciate it if you would : 그렇게 해주시면 감사하겠습니다
air cargo : 항공화물
deduct [didʌ́kt] : vt. 공제하다, 빼다 deduct 5% from a person's salary
    봉급에서 5%를 공제하다
air fare [ɛ́ər fɛ̀ər] : n. 항공운임(요금)
from your payment : 귀사의 지불 금액에서
payment [péimənt] : n. 지불금액, 불입금액, 지불, 납입, 상환, 변상, 보수
objection [əbdʒékʃən] : n. 반대 이유, 반대, 이의, 이론, 이의신청, 불복
awfully [ɔ́:fəli] : ad. 《구》대단히, 지독하게, 엄청나게
for not making a claim against : ~에게 클레임을 걸지 않아서
make a claim against : ~에게 클레임을 걸다
happen [hǽpən] : vi. 일·사건 등이 일어나다
make a big profit on : ~으로 큰돈을 벌다, 생기다
Wave Buster : 전자파 파괴장치

---

(8) 변상 요구와 처리

B : Mr. Lee, we're very disappointed to learn that you've sent us unsuitable articles in bad packing.

A : We sincerely apologize to you for our double mistakes. We have no excuse for how much we've troubled you.

B : We're entitled to some compensation, you know. We hope you'll immediately inform us what settlement you're prepared to make.

A : If you don't mind, to adjust your claim, we'd like either to send you the right goods immediately or to give you special allowance of 25 percent off the invoice amount, Mr. Brown.

B : 미스터 리, 당사는 귀사가 불량포장에 부적합한 물품을 보낸 것을 알고 몹시 실망하고 있습니다.

A : 당사의 이중 잘못에 대하여 진심으로 사과합니다.
얼마나 많은 폐를 끼쳤는가에 대해서는 변명할 여지가 없습니다.

B : 아시다시피 당사는 변상을 청구할 권리가 있습니다.
우리는 귀측이 어떠한 해결책을 준비하고 있는지 즉시 알려주시기 바랍니다.

A : 괜찮으시다면 귀사의 클레임을 조정하기 위해서 바른 상품을 즉각 보내 드리든가 또는 송장 금액의 25%를 특별 할인해 드리고 싶습니다.

Check Point

be very disappointed : 대단히 실망하고 있다
disappointed〔disəpɔ́intid〕: **a.** 실망한, 기대에 어긋난, 실연한
　　　　　disappoint〔disəpɔ́int〕**vt.** 실망시키다, 어긋나게 하다
to learn that + 주어 + 동사 : that이하의 사실을 알고. to learn을 알고 (to부정사의 부사적 용법)
unsuitable〔ʌnsútəbl〕: **a.** 부적당한, 적당[적합]하지 않은, 적임이 아닌, 어울리지 않는
article〔áərtikl〕: **n.** 개개의 물품, 문서의 조항, 독립된 기사, 다른 품사와 다르다는 뜻의 관사
bad packing : 불량포장. packing box 포장용 상자
sincerely〔sinsíəli〕: **ad.** 마음으로부터, 진정으로, 진실로, 표리 없이, 진지하게
apologize〔əpálədʒaiz〕: **vi.** 사과하다, 사죄하다, 해명하다, 변명하다
for our double mistakes : 우리의 이중 실수에 대하여

we have no excuse for : ~에 대하여 변명할 여지가 없다

be entitled to : ~할 자격[권리]이 있다

entitle [intáitl] : vi. 권리[자격]를 주다, 《to》 ~의 칭호를 주다

compensation [kàmpəséiʃən] : n. 배상, 갚음, 보충, 보상금, 배상금.

immediately [imíːdiətli] : ad. 곧, 즉각, 즉시로, 직접, 직접적으로.

settlement [sétlmənt] : n. 해결, 결정, 화해, 정착, 정주, 결혼하여 생활을
　　안정시킴, 식민지

prepared [pripέərd] : a. 준비가 되어 있는, 각오가 되어 있는, 조리된, 조제된

prepare [pripέər] : vt. 준비하다, 마련하다, 채비를 갖추다, 채비시키다

mind [maind] : vt. 부정문 · 의문문 · 조건문에 쓰여 꺼림칙하게 생각하다

adjust [ədʒʌ́st] : vt. vi. 조절하다, 맞추다, 바로잡다, 기계를 조정하다

claim [kleim] : vt. vi. 손해배상을 요구하다, 고소하다. claim against a
　　person ~에게 손해배상을 요구하다, 고소하다

either~ or~ : conj. ~거나 ~거나, ~거나 ~거나 둘 중 하나

(special) allowance [spéʃəl əláuəns] : n. 할인, 공제, 정기적으로 지급하는
　　수당, 급여액, 용돈

off the invoice amount : 송장 금액에서

invoice [ínvɔis] : n. 송장. vt. vi. 화물 등의 송장을 만들다

A : Would you please send us the surveyor's report, Mr. Brown.

B : Yes, you'll soon get complete report as soon as it has been prepared.

A : We're going to report the matter to our insurance company for prompt settlement.

B : We hope you'll write to us as soon as you hear from the insurance company, Mr. Lee.

A : Of course, Mr. Brown.

B : Please let us know what you would like to do with the damaged articles.
We'll hold them until then.

Check Point

surveyor's report〔sərvéiərz ripɔ́ərt〕: 검정인의 조사, 연구 보고서
surveyor〔sərvéiər〕: n. 검사관, 세관의 조사관, 건물의 감정사, 감시인
you'll soon get : 당신은 곧 받게 된다
complete〔kəmplíːt〕: a. 완전한, 완결[완성]한, 전적인, 전부의
as soon as it has been prepared : 그것이 준비가 되는대로

A : 브라운씨, 검정인의 보고서를 보내주시겠습니까?

B : 네, 검정인의 보고서는 준비가 되는대로 곧 받으실 겁니다.

A : 당사는 신속한 해결을 위해 보험회사에 이 건을 보고 조치할 예정이다.

B : 보험회사로부터 답변을 듣는 대로 서한 보내주시기 바랍니다, 미스터 리.

A : 물론입니다, 브라운씨.

B : 손상된 물품을 어떻게 하실 건지 연락해 주시기 바랍니다. 그때까지 보관하고 있겠습니다.

Check Point

report the matter to : ~에 그 건을 보고하다
for prompt settlement : 신속한 해결을 위해
hear from : ~에게서 편지를 받다, ~에게서 벌[비난]을 받다
please let us know : 우리에게 연락해 주세요, 우리에게 알려주세요
what you would like to to do : 어떻게 할 것인지
damaged articles : 손상된 물품

damage 〔dǽmiʤ〕: vt. 손해[피해]를 입히다, 명예를 손상시키다

hold 〔hould〕: vt. 보관하다, 소유[보유]하다, 점유[소유]하다, 손에 넣다

prompt 〔prampt〕: a. 재빠른, 신속한, 기민한, 《상업》즉시불의

until then : 그때까지

we're going to + 동사원형 : 우리는 ~할 작정[예정]이다, ~할 것이다, ~하려
하고 있다, 막 ~하려는 참이다

we're going to + 장소의 명사 : ~에 갈 예정이다, ~에 갈 것이다

matter 〔mǽtər〕: n. 중요한 일, 큰일, 중요성, 물질, 물체, 재료

(10) 불량품 클레임 제기서한

The super knife in our order No. 7 have arrived but we are sorry to say that their quality is inferior to the sample of which we approved when we ordered. We are sure you will agree to the inferiority of the goods after examining the evidence from the Stephen's Survey Report. We'll be glad if you will look into the matter and let us know what you can do about it.

당사 주문 제 7 호에 관한 '슈퍼 나이프'는 당사에 도착하였으나 그 품질이 당사가 귀사에 좋다고 인정했던 주문시 견본보다 열등하다는 것을 유감스럽게도 말씀드린다. 당사는 귀사가 스태픈씨의 검정 보고서 증거를 면밀히 조사하면 상품의 열등에 동의할 것으로 확신한다. 본 건을 조사하고 귀사의 조치 여부를 알려주면 기쁘겠다.

in our order No. 7 : 당사주문 제 7호에
have arrived : 물건이 도착했다 (have + 과거분사 = 현재완료)
arrive 〔əráiv〕: vi. 물건이 도착하다, 닿다, 어떤 연령·사기·결론·확신 등
　　에 도달하다. [프랑스어법] 성공하다, 명성을 얻다
we're sorry to say that + 주어 + 동사 : ~하다는 것을 유감스럽게도 말씀
　　드린다
quality 〔kwáləti〕: n. 품질, 우량질, 특성, 특질, 특색. of a good[high]
　　quality 질이 좋은, of a poor[low] quality 질이 나쁜
inferior 〔infíəriər〕: a. 열등한, 하급의, 보다못한, 이류의, 하위의, 아래쪽의
inferior to : ~보다 열등한, ~보다 하위[하급]의
of which : 관계대명사가 전치사의 목적어일 때 전치사는 관계대명사나 앞
　　에나 문장 후미에 두어도 좋다
approve 〔əprú:v〕: vi. 찬성하다, 승인하다 vt. 좋다고 인정하다
approve of : ~을 찬성하다, 승인하다
superior 〔supíəriər〕: 보다나은(to), 질·정도 등이 우수한, 고급의, 상질의
we're sure you'll : 당사는 귀사가 ~할 것으로 확신한다
arrive at a bargain : 상담이 성립되다
agree 〔əgrí:〕: 제의 등에 응하다, 승낙[찬성]하다
agree with : 말에 동감이다, 의견이 일치하다, 마음이 맞다
agree to : 제의에 찬성하다
agree with : 보통 부정·의문문에서 일·음식·기후 등이 성미에 안 맞는다
　　(don't·doesn't를 앞에 두어)
agree on : 조건·안 등의 합의에 도달하다
after 〔æftər〕: ad. prep. conj. a. n. ~하고 나서, ~의 뒤에
examining 〔igzǽminiŋ〕: examine의 동명사로 [after가 전치사이므로] 전치
　　사 + 동명사[명사, 대명사]의 문법에 따라
examine 〔igzǽmin〕: vt. vi. 검사[조사·심사]하다, 시험하다
the evidence from 〔ði évədəns frəm〕: ~로 부터 나온 증거, 물증, 물건
we'll be glad if you'll : 당사는 귀사가 ~한다면 기쁘겠습니다
look into the matter : 본 건을 조사하다 [연구하다, 들여다보다]
let us know : 연락해 달라, 알려달라 let은 허락하다의 뜻으로 사역동사

We really regret to learn from your letter of May 15 that you received inferior articles against your order No. 7.

We have closely looked into this matter immediately, and we frankly admit that some poor quality knives made in 1996 were delivered by mistake of our warehouse clerk.

당사는 5월 15일자 귀사 서한에서 귀사가 귀사 주문 제 7 호에 대하여 불량품을 인수하였다는 것을 알고 마음으로부터 유감스럽게 생각한다.

당사는 즉각 본 건을 면밀히 조사하였고, 당사는 창고 담당 직원의 실수로 당사가 1996년에 만들었던 일부 불량 나이프가 납품되었던 것을 솔직히 인정한다.

we really regret to learn : ~을 알고 마음으로부터 유감으로 생각한다
I[we] regret to say that : ~유감이지만, 섭섭하지만
from your letter of May 15 : 5월 15일자 귀사 서한에서
regret [rigrét] : vt. 후회하다, 뉘우치다, 유감으로[섭섭하게] 생각하다
really [ríəli] : a. 정말로, 실은, 사실은, 참으로, 확실히 [감탄사적으로] 그
래? 어머, 아니? Not really! 설마! really? 정말인가?
learn [lɑrn] : vt. vi. 알다, 배우다, 외다, 공부하다, 익히다, 습득하다
receive [risíːv] : vt. vi. 받다, 수취하다, 얻다, 신청 등을 접수하다
inferior articles [infíəriər ɑ́ərtikl] : 열등한, 하급의, 보다못한, 이류의
against [əgénst] : prep. ~에 반하여, ~에 거역하여, ~에 거슬러서
closely [klóusli] : 면밀히, 엄밀히, 엄중히, 열심히, 주의하여, 접근하여
look into : ~을 조사하다, 연구하다, ~을 들여다 보다
investigate [invéstəgèit] : vt. 조사하다, 수사하다, 연구하다
the [this] matter : 본 건, 이번 일, 이번 문제, 이번 사건, 그 건
matter [mǽtər] : n. 일, 사건, 사정, 문제, 중요성, 중요한 일, 재료, 논문·
책 등의 내용. [수식어와 함께] ~질, ~소, ~체
immediately [imíːdiətli] : ad. 곧, 즉각, 즉시로, 직접[으로], 바로 가까이에
frankly [frǽŋkli] : ad. 솔직히, 숨김없이, 터놓고
matter [mǽtər] : [집합적] 인쇄물, 필기물 printed matter 인쇄물
admit [ədmít] : vt. [변명·증거 등] 인정하다, 허락하다, 들이다, 넣다
some poor quality : 일부 불량질, 일부 불량품
poor [puər] : a. 질이 나쁜, 조잡한, 열등한 a poor wine 질이 나쁜 술
quality [kwɑ́ləti] : n. 질, 소질, 자질, 특성, 특질, 특색, 품질, 우량질, 우량성
in store : 저장하여, 준비하여
store [stɔər] : n. 저장, 비축, 준비, 장만, 가게, 상점, 점포
were delivered : 배달되어 졌다, 인도되었다, 넘겨졌다
by mistake : 실수로, 잘못하여 and no mistake 《구》 틀림없이
warehouse [wɛ́ərhàus] : n. 창고, 저장소
clerk [klɑrk] : n. 사원, 사무원, 행원, 판매원, 점원
poor [puːər] : a. 몸·기억 등이 약한, 건강·기력 등이 나쁜, 헤친

(12) 클레임 조정·처리 서한

(1) To put this matter right we have shipped the replacements for all article you have found unsatisfactory, and we would ask you to send them back to us by air cargo at the expense of our company.

(1) 본 건을 해결하기 위하여 당사는 귀사가 발견한 모든 열 등물품의 대체물을 선적하였고, 당사 비용으로 항공화물 편에 불량품을 되돌려 보내주기를 귀사에 요청한다.

Check Point

to put this matter right : 본 건의 잘못을 고쳐 바로잡기 위하여
ship〔ʃip〕: vt. 배에 싣다, 배로 보내다, 수송하다, 기차나 트럭 등으로 보내다
put right : 정정하다, 병자를 고치다, 잘못을 고쳐 바로잡다
we have shipped : 배에 실었다; have + 과거분사(p.p) = 현재완료
the replacements for : ~의 대체품
good〔gud〕: 선, 덕, 미덕, 이익, 행복
evil〔íːvəl〕: 불운, 불행, 악, 불선, 사악
whether for good or for evil : 좋건 나쁘건
articles (that) you have found~ : 귀사가 ~한 것을 발견한 물품

unsatisfactory〔ʌnsæ̀tisfǽktəri〕: 불만족스런, 마음에 차지 않은

we would ask you : 당사는 귀사에게 요청하고 싶다 (would는 소망의 뜻)

would〔wəd, wúd〕: auxil. v. vt. 하고싶다, 아마도 ~일 것이다

ask〔æsk〕: vt. vi 부탁하다, 묻다, 초대하다

send back : 돌려주다, 반환하다

back〔bæk〕: ad. 제자리에, 원위치에. n. 등, 등 뒤, 후부, 후면, 뒤

by air cargo〔by airfreight〕: 항공화물 편으로

at our expense 당사자비로, 당사를 희생시켜 at the expense of ~의 비용
으로, ~을 희생시켜

---

(2) We are prepared to offer you 50% reduction in the price if you choose to keep them and save us the trouble of having them replaced. Please let us know soon whether it is a yes or no.

---

(2) 당사는 만일 귀사가 열등품을 인수하여 당사가 대체하는 수고를 덜게 되면 50%의 가격 할인을 해 줄 각오가 되어 있다. 당사에 곧 가부를 연락 바란다.

Check Point

we are prepared to + 동사원형 : 당사는 ~할 준비[각오]가 되어있다

       prepared〔pripέərd〕: a. 준비[각오]가 되어 있는

offer〔ɔ́ːfər〕: vt. 물건, 원조 등을 제공하다, 제출하다 《상》 어떤 값으로 팔
려고 내놓다, 값을 얼마로 보다

50% reduction in the price : 50%의 가격할인 reduction〔ridʌkʃən〕: n. 할인, 축소, 삭감

if〔if, if〕: conj. 만약 ~이라면[이었다면], ~할 때는, 일 때는, 설사 ~일지라도, ~인지(아닌지), n. 조건, 가정(pl. ~s)

choose〔tʃuːz〕: vt. ~하는 쪽을 택하다, ~하기로 결정하다《choose to+동사원형》as you choose 당신의 소원대로

choose to : ~하는 쪽을 택하다, ~하기로 결정하다; cannot choose but(do) ~하지 않을 수 없다

keep〔kiːp〕: vt. 간수하다, 보유하다, 보존하다, 약속·비밀·조약 등을 지키다, 다하다, 법률·규칙 등을 따르다

save us the trouble of+동명사 : 당사가 ~의[하는] 수고를 않아도 되게 하다

save〔seiv〕: vt. 경비, 고생 등을 덜어주다, 비용을 줄이거나 면하게[쓰지 않도록, 않아도 되게] 하다

the trouble of+동명사 : ~하는 수고

have them replaced : 그 물품들을 대체시키다; have+목적어+p.p = 사물, 사람을 ~하게 하다(시키다)

having them replaced : 그 물품들을 바꿔 주는 것; 앞의 of가 전치사임으로 동명사 having을 씀

let us know : 알려달라, 연락해 달라; let는 사역동사로 ~에게 하게 해주다, ~시키다를 뜻함

whether〔hwéðər〕: conj. ~인지 어떤지, ~이든 아니든, 양보의 부사절을 이끌어, ~이든지 아니든지 간에

Yes or No : 승낙[긍정]인지, 거절[부정, 부인]인지; yes and no《구》글쎄 어떨까, 뭐라고 말할 수 없는데(이해가 반반인 제안이나 질문 등)

ifs and buts : 일을 질질 끄는 이유[구실, 핑계] Do it now, and no ifs and buts. 이러쿵저러쿵 핑계대지 말고 당장 그걸 해라.

I'm prepared to admit it my fault. 나의 잘못을 시인할 각오가 되어 있다

Would you please send us 50 short-packed Super-
slicers soon? And confirm by cable when this will be.
　Would you ship the short-packed units by air cargo
so as to complete the shipment after making up the
deficiency?

　포장 부족분 50개의 슈퍼 슬라이서를 곧 보내주시지 않겠습
니까? 출하시기가 언제가 될지 타전 바란다.
　부족 수량을 보충해서 선적을 완성하도록 포장 부족분을 항
공화물 편에 보내주시지 않겠습니까?

Check Point

would you please + 동사원형 : [정중한 의뢰나 권유를 나타내어] ~하여 주
　　　시지 않겠습니까
short-packed : 모자라게 포장한,　short-shipped : 모자라게 선적한
Super Slicer : 특히 야채류를 온갖 모양의 크기나 두께로 써는 기계
good〔gud〕: n. 바람직한 일, 좋은 것[물건] the good 선량한 사람들(opp.
　　　the wicked 나쁜 사람들)
confirm〔kənfə́:rm〕: vt. 확실하게 하다, 확립하다, 진술·증거·풍설 등을

확인하다, 재가·비준 등으로 확인하다

by cable : (해저) 전신으로

cable [kéibl] : **n.** 피복전선, 해저전선, 전선에 의한, 해외 전보, 굵은 밧줄, 강사, 쇠사슬. **vt. vi.** 해외 전신을 치다, 통신을 해저전신으로 보내다

when will this be? : 이 일이 언제 될까요? 《의문문》 공식: 의 + 조 + 주 + 본동

when this will be : 이 일이 언제가 될지를 《명사절》 공식: 의 + 주 + 조 + 본동

would you ship : 실어주시지 않겠습니까, 배로 보내주시지 않겠습니까

ship [ʃip] : **vt.** 배에 싣다, 배로 보내다[나르다], 기차·트럭 등으로 보내다

short-packed units : 부족 포장분, 부족 포장된 물량

unit [júːnit] : **n.** 단일체, 한 사람, 일단, 편성·구성의 단위, 특정의 기능을 가진 장치

by air cargo : 항공화물 편으로

so as to : ~하도록 **so as not to** : ~하지 않도록

as to : [문장 안에 써서] ~에 관하여, ~에 대하여 **as for** : [보통 문두에서] ~에 관한 한, ~은 어떠냐하면

complete the shipment : 선적을 완성하다

complete [kəmplíːt] : 수·양을 채우다, 갖추다, 완성하다, 완료하다, 끝마치다

shipment [ʃípmənt] : **n.** 선적, 수송, 발송 **a port of shipment** : 선적항

after making up the deficiency : 부족수량을 맞추어 놓은 다음에

make up : 메우다, 벌충하다, 만회하다, 보충해서 완전하게 하다, 《for》 챙기다, 꾸리다, 맞추어 놓다

deficiency [difíʃənsi] : **n.** 부족분[양·액], 특히 수입 부족액, 결손

We confirm our cable of Dec. 22 as follows :

ORDER 7 REGRET ERROR 50% KNIVES SENT
AIR CARGO DEC. 22.

다음과 같이 12월 22일자 타전한 전보를 확인한다 :

주문 7호건 잘못은 유감으로 사료됨. 50%의 칼을 12월 22
일 항공화물로 보냄.

Check Point

as follows : 다음과 같은 the transaction of business : 사무처리
          transactions in real estate : 부동산의 거래
regret [rigrét] : vt. 섭섭하게[유감으로] 생각하다, 후회하다, 뉘우치다, 분해
        하다 n. 유감, 후회
error [érər] : n. 잘못, 틀림, 그릇된 생각, 과실, 죄 stand in error (=be in
        error) 생각이 틀려있다
order 7 : 주문 7호

---

(15) 선적지연 클레임(Delayed shipment Claim)

We are unable to wait any longer in view of the peculiar circumstances of this region. We must ask you to ship them without any delay. This matter will not bear any delay.

당사는 이 지역의 특수 사정에 비추어 더 이상 기다릴 수가 없다. 지체없이 선적할 것을 귀사에 요구한다. 본 건은 어떤 지체도 허용 안 된다.

Check Point

unable〔ʌnéibl〕: a. 할 수 없는, 무력한, 약한, 무능한, 자격[권한]이 없는
any longer : [의문, 부정문에서] 이젠, 이미, 이 이상
in view of : ~의 점에서 보아, ~ 때문에, ~을 예상[기대]하여, 이[에서] 보이는 곳에
peculiar〔pikjúːljər〕: a. 특별한, 독특한, 고유의, 특유의, 기묘한, 특수한
at the cancel expense of you : 귀사가 주문 취소 비용을 부담하고
circumstances〔sə́ːrkənstæ̀ns〕: n. [pl.] 어떤 사건·사람·행동 등과 관련된 주위의 사정·상황·환경
region〔ríːʤən〕: n. [종종 pl.] 명확한 한계가 없는 광대한 지방, 지역, 지대, 예술·학문 등의 영역(분야)

ask〔æsk〕: vt. (대가로서) 청구[요구]하다, 원조·조언·허가 등을 부탁하다
ship them : 그것들을 배에 싣다
without (any) delay : 지체 없이, 곧 admit of no delay : 잠깐의 여유도 주
　　지 않다

Unless your shipping advice come into our hands
by December 20, we have to ask you to cancel our
order at the cancel expense of you.

귀사의 선적 통지서가 12월 20일까지 도착하지 않으면 주문
취소 비용을 귀사 부담으로 하고 당사의 주문을 취소할 것을
귀사에 요구한다.

Check Point

delay〔diléi〕: n. 지연, 지체, 유예, 연기
matter〔mǽtər〕: n. 문제, 일, 사건, 중요성, 중요한 [큰]일 the matter : 낭
　　패, 지장, 곤란
bear〔bɛər〕: vt. 견디다, 무게를 지탱하다, 낳다, 몸에 지니다, 마음에 풀다
unless〔ənlès〕: conj. [부정의 조건] ~이 아닌 한, 만약 ~이 아니면
shipping advice〔ʃípiŋ ədváis〕: n. 발송통지 a remittance advice : 송금통지
advice〔ədváis〕: n. 《상》거래상의 보고, 통지[서]
come into our hands : 당사의 손에 들어오다

---

by〔bai, bái〕: prep. [기한을 나타내어] ~까지는, [정도를 나타내어] ~만
    큼, ~을 단위로 해서, ~씩
have to : ~해야만 한다. must 보다 말이 부드럽다
cancel〔kǽnsl〕: vt. 계약, 주문 등을 취소하다, 계획, 예정 등을 중지하다
at the cancel expense of you : 귀사의 주문 취소 비용 부담으로
charges〔tʃɑərdʒ〕: n. [종종 pl.]로 (여러 가지) 비용

Unless the shipment can be made within this week,
we must ask you to cancel our order without cancel
expense to us.

선적이 금주 이내에 이루어지지 않으면 주문 취소 비용을
당사가 부담하지 않고 당사의 주문을 취소할 것을 귀사에 요
구한다.

Check Point

expense〔ikspéns〕: n. [보통 pl.]로 소요경비, ~비, 수당
shipment〔ʃípmənt〕: n. 선적, 수송, 발송
can be made : 되어질 수 있다; 선적하다의 숙어인 make a shipment에서
    make가 수동태로 된 것
within〔wiðín〕: prep. [시간·거리·범위 등] 이내에, ~의 범위 내에서, ~
    을 넘지 않고

without cancel charges to us : 당사가 비용을 부담하지 않고

without〔wiðàut〕: prep. ~하지 않고, ~함 없이, ~이 없으면, ~이 없
는[없이]

at the expense of : ~의 비용으로, ~을 희생시켜

He refused to give a Yes or No answer : 그는 가부의 대답을 거부하였다

yes and no : 《구》[이해가 반반인 제안들에 대하여] 글쎄 어떨까, 뭐라고
말할 수 없는데, 말하기가 좀

"Are you an atheist?" "Yes and no" 당신은 무신론자입니까? —글쎄요

Answer with a simple 'Yes' or 'No' '예스'나 '노'로 분명히 대답하여라

We will be more careful not to repeat the same error from now on.

We hope that you will understand that we have done a satisfactory adjustment of the claim.

We hope that you will overlook this time and continue to favor us with your future orders.

We will try to the best of our ability to prevent a recurrence of a similar error from now on.

지금부터는 좀더 주의해서 다시는 같은 실수를 거듭하지 않겠다.

귀사는 당사가 만족한 클레임 조정을 했다는 것을 이해해 주기 바란다.

당사는 귀사가 이번만은 눈감아주고 계속해서 주문해 주기 부탁한다.

당사는 지금부터 유사한 과실의 재발을 방지하기 위해 힘자라는 데까지 노력하겠다.

more careful : 더욱 주의하는

more [mɔər] : a. n. ad. [many, much의 비교급] 더 많은, 더 많이, 더욱

careful [kéərfəl] : a. 조심스러운, 주의 깊은, 조심성 있는, 신중한

repeat the same error : 같은 잘못을 되풀이하다

not to + 동사원형 : ~하지 않도록

repeat [ripíːt] : vt. 되풀이하다, 반복하다, 다시 경험하다, 복창[암송]하다

error [érər] : n. 잘못, 틀림, 《in, of》, 그릇된 생각(delusion), 과실, 죄

from now on : 지금부터는, 앞으로는

we have done : 당사는 했다 that we have done : 당사가 했다는 것을

satisfactory [sæ̀tisfǽktəri] : a. 만족스러운, 더할 나위 없는, 충분한

adjustment [ədʒʌ́stmənt] : n. 조정, 조절, 수정, 쟁의 등의 조정

overlook [oùvərlúk] : vt. 너그럽게 보아주다, 보고도 못 본 체하다

this time : 이번만은, 이번에는

continue [kəntínju(ː)] : vt. vi. 계속하다, 지속하다, 《상》 이월하다, 이연하다
　　　　[보어와 함께] 계속 ~이다 if you continue obstinate : 네가 계속
　　　　고집을 부린다면

obstinate [ɑ́bstənət] : 완고한, 고집센, 집요한, 완강한

favor [féivər] : n. 호의, 친절, 친절한 행위, 돌봐줌, 은혜, 부탁, 청

by favor : 편파적으로, under favor of : ~을 이용하여

future order 앞으로의 주문

try [trai] : vt. vi. 노력하다, 해보다, 시도하다, 시험하다, 심문하다, 심리하다

try and (do, be~) : 《구》 ~하도록 힘쓰다 Try and be punctual : 시간을
　　　　지키도록 노력하시오

to the best of our ability : 당사가 힘자라는 데까지, 능력껏

prevent [privént] : vt. 앞서 방해하다, 막다, 방해하여

recurrence [rikə́ːrəns] : n. 재발, 다시 일어남, 재현, 순환, 회상, 추억

similar [símələ] : a. 비슷한, 유사한 《to》, 닮은, 같은 종류의, 상사의

obstinate [ɑ́bstənət] : a. 고집 센, 집요한, 완고한, 완강한, 난치의 병인

obstinate resistance to : ~에 대한 완강한 저항

resistance [rizístəns] : n. 저항, 반항, 적대, 반대, 물리적 저항, 저항력

CHAPTER 2

ORDERS

주 문

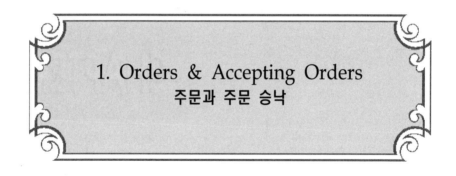

1. Orders & Accepting Orders
주문과 주문 승낙

주문이란 남에게 상품을 쓰겠다고 부탁하여 청구하는 것 (buying offer)이다. 주문은 매도인(파는 사람)이 매수인(사는 사람) 에게 보내는 주문 승낙서로 시작되는데, 매도인이 해당 상품명, 합계수량, 단위, 단가, 품질(상품번호·색깔·규격), 선적시기, 인도 일, 지불조건, 결제통화, 보험조건, 카탈로그 번호, 견본번호 등이 기재된 매수인의 주문서를 승낙한다는 취지로 기재하고 서명해 야 한다. 또한 주문을 접수하는 즉시로 승낙서를 발송해야 한다.

Order letter(주문서)는 보통의 편지에 의한 경우와 order sheet; order form(주문서식)에 의한 경우 두 가지가 있는데 이를 cable (전보)나 telex(텔렉스)로 주문할 경우에는 선적시기까지의 항목만 명시해도 좋다.

필요한 조건을 정확히 상대편에게 통고하여 주문한 대로의 상 품을 입수해야 되며 그 중 하나라도 필요조건이 빠지면 주문품 의 발송이 불가능해 진다.

(1) 주문에 관한 기본 표현

We place an order with you.　　귀사에 주문합니다.

We give an order to you.　　귀사에 주문합니다.

We put in an order to you.　　귀사에 주문합니다.

We want to order this article from you.

귀사(귀점)에 이 물품을 주문하고 싶습니다.

We give an order by wire.　　전보로 주문합니다.

We give an order by telex.　　텔렉스로 주문합니다.

We wire an order.　　주문을 타전합니다.

We cable an order.　　주문을 타전합니다.

Check Point

inquiries〔inkwáiəriːz〕: n. 조회, 문의, 질문, 조사, 취조, 심리

acknowledging〔əknáliʤiŋ〕: acknowledge의 동명사로 승인[승낙·인정] 하
　　는 것

place〔pleis〕: vt. 회사 등에 주문을 하다

put in : 신청하다, 넣다, 꽂다, 말로 거들어주다, 참견하다

order + 물품 + from + 거래처 : ~에 주문하다

by wire : 전신으로, 전보로

wire〔waiər〕: n. 전신(telephone), 전선, 케이블, 철사, 악기의 현,《구》전보
　　the wire 전화(철조망), telephone wire(s) 전화선

cable〔kéibl〕: n. 전선에 의한 해외 전보(cablegram). by cable 해저 전신
　　으로, send a cable 해외 전보를 치다

telex〔téleks〕[teleprinter exchange] n. 텔렉스, 국제가입전신《가입전신·
　　전화로 접속하여》

We increase an order to $100,000.

We hold back an order.
We hold an order in abeyance.

We postpone an order.
We hold over an order.

We hold up an order.

We cancel this order.
We withdraw an order.
We want to change an order.

We want you to get the order ready.

We can[cannot] execute an order in the time requested.

We accept orders for prompt delivery.

We can dispatch orders the same day as they are received.

We fulfil an order immediately[promptly].

We make this article to order.
We have a rush of orders.
We take[accept] an order.
We have a large order for this article.

We modify the order.

주문을 십만 불까지 증가합니다.

주문을 보류합니다.
주문을 보류합니다.

주문을 연기합니다.
주문을 연기합니다.

주문을 중지합니다.

이 주문을 취소합니다.
주문을 철회합니다.
주문을 변경코자 합니다.

그 주문품을 준비해 주시기 [마련해주시기] 바랍니다.

요청하시는 기간 내에 인도[납품] 할 수 있습니다[없습니다].

주문 받고 바로[즉각] 납품[인도·배달] 합니다

주문을 받는 당일에 즉시 발송[급송] 합니다.

주문품은 즉시로[신속히] 충족[이행·조달]시켜 드립니다.

이 물품을 주문에 따라 만듭니다.
주문이 쇄도합니다.
주문을 받습니다[주문에 응합니다].
이 물품의 대량 주문을 맡았습니다.

본 주문을 수정합니다.

We can[can't] complete[execute] the order at your limits.

Super Slicers are on order from Korea.

We can execute the order upon receipt of your order.

Orders for this goods have been pouring in from many countries in the world.

We have some orders from several countries.

Would you please favor us with an order?

Please favor us with an order.

increase [inkrí:s] : vt. 늘리다, 불리다, 국제긴장을 격화시키다

hold [hould] : vt. 손에 들다, 유지하다, 담다, 넣다, 소유하다, 차지하다, 남
　　기다, 행사를 열다, 행하다, 견디다, 상태가 계속되다

hold back : 취소하다, 걷어드리다, 걷어치우다, 제지하다, 감추다, 자제하다,
　　주저하다. n. 방해, 전지, 보관물, 제어장치

hold over : 연기하다, 예정이상으로 계속하다, 기간이상 유임하다

abeyance [əbéiəns] : n. 중지, 중지상태, 정지, 부동산의 소유자 미결
　　hold[leave] ~ in abeyance ···을 미결로 두다

postpone [poustpóun] : vt. 연기하다 《put off》, 뒤로 미루다, 차 위에 두
　　다. vi. 병 등이 손쓰기에 늦어지다

hold up : (권총을 들이대며) 정지를 명하다, [명령형] 서라! 강도질을 하다

withdraw [wiðdrɔ́:, wiədrɔ́:] : vt. 신청, 진술, 약속 등을 철회(취소)하다.

in the time requested : 요청한 기한 내에

귀사의[귀점의] 지정 가격대로 주문에 응할 수[이행할 수] 있습니다[없습니다].

슈퍼 슬라이서를 한국에 주문해 놓았습니다.

귀사가 주문하시는 대로 곧 그 주문에 응할 수 있습니다.

이 상품의 주문이 세계 여러 나라로부터 계속 쇄도하고 있습니다.

여러 나라로부터 주문을 받아 놓고 있습니다.

당사에 주문 좀 해주시지 않겠습니까?

주문 좀 부탁드립니다[해 주십시오].

Check Point

get~ ready (for) : ~을 위해 준비하다 ready the room for use 방을 쓸
    수 있도록 준비하다 ready to (one's) hand 바로 가까이에 있는
execute 〔éksəkjùːt〕 : vt. 계획, 명령 등을 수행[실행]하다, 미술 등을 완성
    [제작]하다, 사형을 집행하다, 처형하다
request 〔rikwést〕 : vt. 청하다, 요청하다, 신청하다, ~하도록 부탁하다(ask
    보다 딱딱한 표현) on[upon] request 청구하는 데로 곧 (보내다)
accept 〔æksépt〕 : vt. 초대·신청·임명 등을 수락하다, 받아들이다.
for prompt delivery : 신속한 납품[배달·전달]을 목적으로
prompt 〔prampt〕 : a. 신속한, 재빠른, 기민한, 선뜻[즉시, 쾌히] ~하는
delivery 〔dilívəri〕 : n. 배달, 인도, 명도, 교부 for prompt cash 즉시불로
dispatch 〔dispǽtʃ〕 : vt. 급보 등을 발송하다, 군대·특사 등을 급파하다
as they are received : 그것들(주문)을 접수하는; 여기서 as는 관계대명사로
    선행사는 the day, as는 선행사 앞에 such, the same이 있을 때
    관계대명사임

---

dispatch orders : 주문품[주문서]을 발송하다

the same day as they are received : 주문을 접수한 당일에; 여기서 they는
     주문을 대신하는 대명사

fulfil an order : 주문을 이행하다, 주문을 충족시키다

fulfil [fulfil] : [full + fill의 뜻] vt. 의무·약속·직무 등을 완수[이행]하다,
     끝내다, 완료하다, 충족시키다

immediately [imíːdiətli] : ad. 곧, 즉각, 즉시로(at onece), 직접, 직접으로,

to order : 주문에 따라, made to order : 주문해서 만든, 맞춘(opp. ready
     made). give an order for : …을 주문하다

rush [rʌʃ] : n. 주문쇄도, 대수요, 대단한 수량. vi. 쇄도하다, 돌진하다

take [teik] : vt. vi. 받다, 잡다, 얻다, 선택하다, 가지고 가다, 데리고 가다

accept [æksépt] : vt. 초대·신청·임명 등을 수락하다

a large order : 내량 주문

modify [mádəfai] : vt. 일부 변경하다, 수정하다, 물체의 모양·성질을 바꾸다

complete[execute] an order : 주문을 이행하다, 주문에 응하다

at your limits : 귀사의 지정가격으로 within your limits : 지정가격 이내로

limit [límit] : n. 《상》지정가격, 노름판에 거는 최대액

are on order from : ~회사 등에 주문해 놓고 있다.

upon receipt of your order : 주문 하신대로 즉시 (곧)

orders for this goods : 본 상품의 주문품[주문서] [pl.] orders는 주문품

have been pouring : 계속해서 쇄도하고 있는 중이다

pour [pɔər] : vi. 쇄도하다, 흐르듯이 이동하다.

from all over the country : 전국방방곡곡으로부터 from all over the
     world 전세계 도처에서(부터)

all over : ~의 도처에, 다 끝나서, 어디든지, 아무데나, 온몸이[에]

would you please~? : [정중한 의뢰나 권유를 나타내어] ~하여 주시지 않
     겠습니까?

fovor [féivər] : vt. ~의 영광을 주다, 베풀다, 주다, 각별히 보아주다 역성
     들다, 다친 곳을 감싸다. 《구》~와 얼굴이 닮다(look like), 날씨·
     사정 등이 ~에게 유리하다

| limit가 쓰이는 숙어 |

go the limit : 《구》철저하게 하다, 갈 데까지 다가다, 여성[남녀]이 최후의
     선을 넘다

go to any limit : 어떠한 일이라도 하다

---

inferior limit : 최소한 ↔ superior limit : 최대한
off limits : 출입금지 ↔ on limits : 출입자유
out of all limits : 무제한으로, 터무니없이
set limits to : ~을 제한하다
The sky's the limit : 《구》 제한 없다, 한도가 없다, 내기에서 얼마든지 걸다
to the limit : 충분히, 극도로
to the utmost limit : 극도까지
within limits : 적당하게, within the limit of : ~의 범위 내에서
without limit : 한없이, 제한 없이
for fear (that[least]) one should do : ~하지 않도록, ~해서는 안되겠다고
　　　생각하여

pour가 쓰이는 숙어

pour it on : 《구》 남을 기쁘게 해 주려고 극구 칭찬하다
pour[throw] cold water on : ~에 찬물을 끼얹다, 기가 꺾이게 하다,
　　　열중하고 있는 계획 등에 트집을 잡다
pour itself : (강이) 흘러 들어가다 《into》
pour over : 쏟다, 엎지르다
It never rains but it pours : 《속담》 비가 오면 억수같이 퍼붓는다,
　　　불행[일]은 겹치는 법
pour in[out] : 연달아 오다, 연달아 나가다

favor · favour가 쓰이는 숙어

in favor of : ~에게 지불되도록, ~에 찬성하여, ~에 편을 들어
in favor with : ~의 마음에 들어 the last favor (여자의) 최후의 허락
out of favor with a person : ~의 눈밖에 나다, ~의 미움을 받다(not
　　　liked by)
stand high in a person's favor : ~의 총애를 크게 받고 있다
in a person's favor : ~의 마음에 들어, ~에게 유리하게 (말하다 등)
lose favor in a person's eyes = lose favor with a person : 눈밖에 나다
ask the favor of (cooperation) : (협력을) 요청하다 ask a favor of a
　　　person ~에게 부탁하다, 청탁하다

(3) 발 송

A : How are you going to send it?
[How are you sending it to us?]

B : We're going to send it by airmail.
[We're sending it by airmail.]

A : How do you want us to send it?
[How do you want it sent?]

B : It doesn't matter.

Please do as you please.

Please send it by special delivery.

Please send it by registered mail.

Please send it by parcel post.

Please send it by rail(freight).

Please send it by ordinary mail.

Please send it (them) direct to us.

Please send us in advance 300 cases by air-
freight and the remainder by ship along with the
bicycle.

A : 어떤 방법으로 발송하실 예정이십니까?
[어떤 방법으로 부치실 예정이십니까?]

B : 비행기편으로 보낼 예정입니다.
[비행기편으로 보내려고 합니다]

A : 저희가 어떻게 보내주길 원합니까?
[어떻게 보내지길 원하십니까?]

B : 상관없습니다.

좋은 대로(원하시는 대로) 하십시오.

속달로 발송해 주십시오.

등기우편으로 보내주십시오.

소포우편으로 부탁합니다.

철도편으로 보내주십시오.

보통 우편으로 보내주십시오.

그것(그것들)을 폐사로 직접 보내주십시오.

먼저 300상자를 항공화물 편으로 보내주시고 나머지는 자전거와 같이 선박편에 보내주십시오.

A : How soon do you need it[them]?
[When do you need it?]

B : The sooner, the better.

It doesn't matter if it's late.

Please send these[those] goods by December 15.

Please send it as soon as possible.

Please send it by December 15 at the latest.

Please send it[them] not later than December 15.

If you cannot send them to us by December 15, we've got to cancel this order.

Please send us at the appointed date.

Check Point

How are you going to + 동사원형 : 어떤 방법으로 ~할 예정입니까
How are you + 현재분사(동사ing) : 어떤 방법으로[무엇으로] 할 것입니까
We're going to + 동사원형 : 당사는[우리는] ~할 예정이다, ~할 작정이다
How do you want us to + 동사원형 : 우리에게 어떻게 ~해주시기 바랍니다
How do you want it[목적어] + 과거분사 : 그것이 어떻게 보내지기 바랍니다
matter〔mǽtər〕: n. 중요한 일, 중요성, 일, 사건, 물질, 물체(opp. spirit)
do as one[you] please : 좋을 대로 하다
special delivery : 속달
registered mail : 등기우편
parcel post : 소포우편

A : 어느 정도 빨리 필요하십니까?
[언제 필요하십니까?]

B : 빠를수록 더욱더 좋습니다.

늦어도 상관없습니다.

이 상품들을[그, 저 상품들을] 12월 15일까지 보내주십시오.

될 수 있는 대로 빨리 보내주세요.

늦어도 12월 15일까지는 보내주십시오.
12월 15일이 넘으면 곤란합니다.
[12월 15일을 넘기지 말고 보내주십시오.]

만일 12월 15일까지 보내주시지 못하시면 주문을 취소하지 않으면 안 됩니다.

약속된 날짜에 보내 주십시오.

Check Point

by rail(freight) : 철도화물 편으로
ordinary mail : 보통우편
direct to : ~으로 곧장, ~으로 직접, ~에게[으로] 직행하여
in advance : 미리, 앞서서, 선금으로, 입체하여
by airfreight : 항공화물 편으로
the remainder : 나머지, 잔여, 나머지 사람들[것], 잔류자[물]
by ship : 배로
along with : ~와 같이, ~와 같이 딸려서
how soon : 어느 정도 일찍, 어느 정도 빨리
as soon as possible : 될 수 있는 대로 빨리

⑷ 견 본

A : Would you please send us the sample soon so (that) we can order from the sample[it]?

B : With pleasure.

A : Can you send us the sample by the end of this month?

B : Of course we can.

A : How are you sending the sample?

B : We're sending it by airmail.

A : We'll be expecting it then.

B : Please mail your samples soon.
[Please rush samples.]

A : We want the full line of samples.
Please send us the full line of samples together with a price list.

B : We've dispatched the full line of samples you requested by airmail along with a price list.

A : 견본을 보고 주문할 수 있도록 곧 보내주시겠습니까?

B : 좋습니다(기꺼이 보내드리죠).

A : 이번 달까지 견본을 보내주실 수 있습니까?

B : 물론 가능합니다.

A : 어떤 방법으로 보내시겠습니까?

B : 항공우편으로 보낼까 합니다.

A : 그럼 기대하겠습니다.

B : 곧 견본을 우송해 주십시오.
[견본을 급송해 주십시오.]

A : 전 종류의 견본을 원합니다.
견본에 가격표를 붙여 전 종류 한 벌을 보내주십시오.

B : 요청하신 전 종류의 견본들은 가격표와 같이 항공우편으로 발송했습니다.

Would you please~ : [정중한 권유나 의뢰를 나타내어] ~하여 주시지 않 겠습니까?

so that~ can = in order that : [목적을 나타내어] ~하도록, ~하기 위하여

from the sample : 견본을 보고, ~으로 판단하여(from)

pleasure [pléʒər] : n. 즐거움, 기쁨, 유쾌, 만족, 쾌감 the pleasure of ~의 기쁨, 영광

with pleasure : [쾌락의 대답으로써] 기꺼이, 알았습니다, 좋습니다

by airmail : 항공 우편으로

expect [ikspékt] : vt. 기대하다, 예기[예상]하다, 기다리다

then [ðen] : ad. conj. n. a. 그때(의), 그 다음에, 그렇다면, 그리고 나서, 그 후에

mail [meil] : n. 우편, 우편제도, 우편물 vt. 우송하다 first class mail 제1 종 우편, third class mail 제3종 우편

rush [rʌʃ] : vi. 쇄도하다, 서두르다, 급행하다, 급히 행동하다, 돌진[맥진]하 다. vt. 돌질시키다, 몰아대다

a full line of~ : 전 종류의

line [lain] : n. 《상》 상품의 종류, 재고품

together with [təgéðər wiθ] : ~와 함께, ~와 더불어, ~에 더하여, 또한

a price list : 가격표

dispatch [dispǽtʃ] : vt. 급보 등을 발송하다, 급파·특파하다

We've dispatched : 당사는 발송했다.

dispatch money : 에누리한 돈, 선적[양륙] 할인 환급료

samples you requested : 요청하신 견본; you 앞에 관계대명사 생략

along with : ~와 함께[같이]; along with others 다른 것들과 같이, 다른 사람들과 함께

(5) 품 질

A : How do you like the quality of goods we sent you?

B : Quality is same as samples.

Quality is up to samples.

Quality is equal to samples.

Quality differs from samples.

Quality is inferior to samples you sent us.

This article is below samples.

This article is below the line.

Quality is above the standard.

Quality is up to[below] the standard.

We're got to inspect samples.

We want to check quality.

We've got to analyze quality.

We've got to complain of inferior quality.

Don't degrade Grade A quality.

Don't debase quality.

A : 당사가 보내드린 상품의 질에 대해 어떻게 생각하십니까?

B : 품질은 견본과 일치합니다.

품질은 견본과 일치합니다.

품질은 견본과 일치합니다.

품질이 견본과 다릅니다.

품질이 보내주신 견본보다 못합니다.

이것은 견본보다 떨어집니다.

이 물품은 일정한 표준에 미달합니다.

품질은 표준이상입니다.

품질은 표준에 합격[불합격]입니다[달한다. 미달한다].

견본을 검사하지 않으면 안 되겠습니다.

품질을 조사하고 싶습니다.

품질을 분석하지 않으면 안 되겠습니다.

열등한[떨어지는] 품질에 대해서 불평하지 않을 수 없습니다.

제1급 품질을 떨어뜨리지 마세요.

품질을 저하시키지 마세요.

How do you like~? : 어떻습니까, ~을 어떻게 할까요, ~을 좋아하세요

the quality of goods : 상품의 품질

same as : ~와 같은

is[be] up to : ~와 일치하다

differ from : ~와 다르다

is inferior to : ~보다 열등하다, ~보다 못하다

below [bilóu] : prep. ad. 보다 아래에, ~보다 떨어져, 아래에

below the line : 일정한 표준에 미치지 못하는

line [lain] : n. 노선《기차, 버스》정기항로, 선로, 궤도《구》정보, 내막의 소식《on》

above the standard : 표준이상 complain + that절 · complain + 전 + 명 = 하소연하다, 정식으로 고소하다 complain to the police of[about] ~에 관해 경찰에 고발하다

is up to[below] the standard : 표준에 합격[불합격]이다, 표준에 달한다[미 달한다]

We've got to : 당사는 ~하지 않으면 안 된다 have got + to~ : ~하지 않 으면 안 되다

inspect [inspékt] : vt. 검열하다, 면밀하게 살피다, 점검[검사]하다
　　　　　inspection 정밀검사

check [tʃek] : vi. 조사하다, 확인하다 vt. 점검하다, 확인하기 위해 조사하다, 대조하다

analyze [ǽnəlàiz] : vt. 분해하다, 분석하다, 해석하다, 분석적으로 검토하다

complain of : ~라고 불평하다, 투덜거리다, 불만을 털어놓다, 푸념하다

inferior quality : 보다못한 품질, 이류의 품질, 하등의 품질, 하급의 품질

degrade [digréid] : vt. 품위 가치를 떨어뜨리다, 면목을 잃게 하다. vi. 품 위가 떨어지다, 타락하다, 지위[신분]이 떨어지다

degraded : a. 타락한, 퇴화한, degradingly : ad. 치사하게, 창피하게도

Grade A quality : 최고급의 질, 제1급의 품질

debase [dibéis] : vt. 품질 · 가치 · 품위를 저하시키다

(6) 품질 보증

A : (Do) you guarantee(the excellence of) quality?

B : Of course we guarantee quality.

A : (Do) you guarantee us from[against] loss?

B : Put[set] your mind at rest[ease] about that.
You can deal with us free from care.
We guarantee profit.

A : (Do) you guarantee that the contract shall be carried out?

B : Yes, we do.
We guarantee that we keep quality up.
We're trying to the best of our ability to maintain a standard quality.

A : Can you substitute an another quality?

B : Sure.
We never lower quality.
We're trying to improve quality, you know.

A : 품질을[우수한(탁월한)] 보증하십니까?

B : 물론 품질을 보증합니다.

A : 폐사에 손해를 안 끼칠 것을 보증하십니까?

B : 그 점은 안심하십시오.
안심하시고 당사와 거래하세요.
이익을 보증합니다.

A : 본 계약이 이행될 것이라고 보증하십니까?

B : 네, 그렇습니다.
품질을 유지할 것을 보증합니다.
당사는 표준 품질을 유지하기 위하여 힘자라는 데까지 노
력하고 있습니다.

A : 다른 품질의 것으로 대치할 수 있습니까?

B : 할 수 있고 말구요.
당사는 결코 품질 저하를 시키지 않습니다.
보시다시피, 품질을 향상[개량] 시키려고 노력하고 있습니다.

guarantee 〔gæ̀rəntíː〕: vt. 보증하다(affirm) n. 보증[서], 담보[물] (security)
　　guarantor 보증인, 담보인
the excellence of : ~의 우수·탁월·장점
degrading : a. 치사한, 창피스러운, 품위·자존심을 떨어뜨리는
guarantee us from[against] loss : ~에게 손해를 끼치지 않을 것을 보증하다
at rest : 안심하여, 잠자코, 휴식하여, 영면하여, 정지하여, 해결되어
at ease : 마음 편하게, 여유 있게 ill at ease 마음이 놓이지 않는
easeful 〔íːzfəl〕: a. 마음 편한, 안락한, 편안한, 태평스러운
easefully : ad. 마음 편하게, 편안하게
free from care : 안심하시고 free and easy 스스럼없는, 마음 편하게
profit 〔práfit〕: n. 금전상의 이익, 이득, 벌이, 득, 유익
guarantee that + 주어 + 동사 : ~을 보증하다 be guarantee for ~의 보증
　　인이다 go[stand] guarantee for 의 보증인이 되다
contract 〔kántrækt〕: n. 계약[서], 약정, 청부. 《속》살인청부, 약혼
　　　　contract 〔kəntrǽkt〕: vt. 계약하다, 청부를 맡다
shall be carried out : 이행될 것이다, 실행될 것이다
carry out : 수행하다, 실행하다 carry on 계속해서 하다, 사업 등을 경영하
　　다, 끈기 있게 견디다(at), 실없이 굴다(with)
keep quality up : 우량품질을 유지하다, 떨어뜨리지 않다 keep up 유지하
　　다, 떨어뜨리지 않다
we're trying : 당사는[우리는] 노력하고 있다 힘쓰고 있다
to the best of our ability : 힘자라는 데까지, 능력껏
maintain a standard quality : 표준품질을 유지하다
maintain 〔meintéin〕: vt. 지속하다, 계속[유지]하다
substitute 〔sʌ́bstətjùːt〕: vt. ~을 대신으로 쓰다, 대용하다, ~와 바꾸다
another quality : 다른 품질을 저하시키다
improve 〔imprúːv〕: vt. vi. 개선하다, 개량하다, 진보[향상]시키다, 나아지다

order가 쓰이는 숙어

be on order : 주문되어 있다
be under order to do : ~하라는 명령을 받고 있다
by order of : ~의 명에 의하여
come to order : (이야기 등을 그만두고) 잠잠해지다
draw (up) in order : 정렬시키다
give an order for : ~을 주문하다
holy orders : 성직
in order : 정리되어, 정돈되어, 제자리가 잡히어
in orders : 성직에 있어
in order of age[merit] : 연령[성적] 순으로
in order to do = in order that~ may do : ~할 목적으로, ~하기 위하여
in short order : 곧, 재빨리
keep order : 질서를 유지하다
large[tall, strong] order : 큰 주문, 《속》곤란한 일, 부당한 요구
money[postoffice, postal] order : 우편환
of[in] the order of : 대략 ~한, 약 ~의
on the order of : ~에 속하여, ~와 비슷하여
or order : 또는 그 지정인에게(수표, 어음 등의 문장)
Order! Order! : 《의회》규칙위반이오! 규칙위반!
out of order : 문란하여, 고장이나, 몸이 탈나, 규칙위반으로
get out of order : 흐트러지다, 탈이 나다, 고장나다
place an order : 주문하다
put one's ideas into order : 생각을 정리하다
send for orders : 주문 받으러 사람을 보내다
standing order : 의사규정, 복무규정
take order to do : ~하도록 적당한 수단을 취하다
take things in order : 일을 차례로 하다
to order : 주문에 의하여
under the order of : ~의 지휘하에, 명에 의하여

A : What are the terms of payment?

B : We hope to come to terms on your own terms.

We don't set any terms.

Please pay promptly.

Please pay on delivery.

Please pay in full.

Please pay into a bank.

Please pay in part.

Please pay in monthly instalments.

A : What's the total amount payable?

B : It comes to 100,000 dollars.

A : What's the date due?

B : By the end of May.

A : Is it overdue?

A : 지불 조건은 어떻습니까?

B : 귀사가 바라는 조건으로 타협이 이루어지기 바랍니다.

조건을 전혀 붙이지 않습니다.

즉 금지불을 해주십시오.

상품과 교환지불을 해 주십시오.

전액을 지불해 주십시오.

은행에 불입하십시오.

일부금액을 지불해 주십시오.

월부로[분할]로 지불해 주십시오.

A : 지불 총액이 얼마입니까?

B : 합계 10만달러 입니다.

A : 지불기한은 언제 입니까?

B : 5월 말일까지입니다.

A : 지불기한이 넘었습니까?

B : Yes, it's overdue.

A : We want to put off payment till June.

We can't help it[It can not be helped].

B : Please don't be longer than you can help.

We've got to press you for payment.

Please pay 10,000 dollars in cash.

You can pay 1,000 dollars by check.

Please pay half the amount in advance.

We give you credit.

Charge it to my account[Put it on the cuff].

I bought this article on credit.

I owe the store a 1,000 won bill.

I hope we'll buy[sell] on credit.

I hope we'll do[carry on] credit transaction.

I'm short of money.

Please put it(down) to my account.

B : 네, 넘었습니다.

A : 지불을 6월 달까지 연기하고 싶습니다.

어쩔 수가 없습니다.

B : 될 수 있는 대로 빨리 좀 부탁합니다.

지불을 독촉하지 않을 수 없습니다.

만 달러는 현금 지불해 주십시오.

천 달러는 수표로 지불하셔도 됩니다.

반액은 선불입니다.

외상을 드립니다.

외상으로 해주세요.

이 물건을 외상으로 샀다.

그 가게에 외상이 천원 있다.

신용거래를 희망합니다.

신용거래를 희망합니다.

돈이 모자랍니다.

내 앞으로 달아 놓으세요.

terms of payment : 지불조건

come to terms with : ~와 타협이 이루어지다, ~와 화해하다

on your own terms : 귀사가(당신이) 바라는 조건으로

set terms : 조건을 붙이다[정하다]

promptly〔prámptli〕: ad. 재빨리, 즉시, 즉석에서, 정각에

delivery〔dilívəri〕: n. 배달, 인도, 명도, 교부, 납품, 출하

monthly instalments 월 분납, 몇 달로 나누어. by[in] instalments : 분납으로, 몇 번으로 나누어

total amount payable : 지불총액. payable〔péiəbl〕: a. 지불해야 할, 지불할 수 있는

It comes to : ~의 합계가 ~이 되다, 결국 ~이 되다. come to terms with : ~사태 등을 감수하다, ~에 굴복하다, ~와 타협이 이루어지다

the date due : 지불기한

overdue〔oùvərdjúː〕: 지불기한이 넘은, 미불의

put off~ till : ~을 ~까지 연기하다

press A for B : B를 달라고 A을 재촉하다, 조르다, 강요하다, 간청하다

account〔əkáunt〕: n. 계산, 셈, 회계, 예금계좌

on credit : 외상으로, 신용대부로

transaction〔trensǽkʃən〕: n. 거래, 매매, 업무, [종종 pl.] the~ 처리, 취급

credit〔krédit〕: n. 신용, 신용대부, 외상(판매), 신용장

owe : ~의 덕택이다, ~에 돌리다. ~의 덕택으로 알다. I owe much to you. 당신에게 많은 신세를 지고 있습니다

half the amount : 반액

owe〔ou〕: vt. 은혜를 입고 있다, 의무 등을 지고 있다

bill〔bil〕: n. 계산서, 청구서, 벽보, 광고용 포스터, 지폐, 법안

on the cuff : 외상으로, 월부로의

carry on : 계속해서 하다, 사업 등을 경영하다

overdue : 늦은, 연착한

cuff〔kʌf〕: n. 장식용의 소매 끝동, [pl.] 수갑(handcuffs)

put~ (down) to my account : 내 계산에 달다

⑻ 단 가

A : How much is it　　per piece?

per gallon?

per yard?

per case?

per box?

per dozen?

per pound(lb)?

per meter?

per ton?

per set?

A :
1개에　　　　얼마입니까?

1갤런에

1야드에

1케이스

1상자에

1타즈에

1파운드에

1미터에

1톤에

1세트에

B : It's two dollars per piece.

A : How do you sell it?

B : We sell it | by the yard.
by the box.
by the meter.
by the gallon.
by the ton.

B : 1개에 2달러입니다.

A : 어떤 방법으로 파십니까?

B : | 야드를
상자를
미터를
갤런을
톤을 | 단위로 하여 팔고 있습니다.

How much do you ask for it? : 얼마에 파시겠습니까?
What do you ask for it? : 얼마에 파시겠습니까? ask for : 대가로서 청구
　　하다, 요구하다
per〔pər〕: prep. ~에 per piece 1개에 per man 한 사람에 per week 1주
　　일에
piece〔piːs〕: n. 한 개, 조각, 단편, 파편, 부분, 토지의 한 패기 a piece of
　　poet 시인 나부랭이 a piece of water 작은 호수
set〔set〕: n. 한 벌(짝), 라디오 수신기, TV 수상기, 발성장치,
by the + 단위 : ~을 단위로 하여
how much : (양·값이) 얼마, 어느 정도
ask〔æsk〕: vt. 묻다, 부탁하다, 초대하다, 원조·조언·허가 등을 부탁하다
how〔hau〕: ad. n. 어떤 방법으로, 어떻게. the how 방법, the how and
　　the why of it 그 방법과 이유
negotiate〔nigóuʃièit〕: vt.《구》뛰어 넘다, 빠져나가다, 곤란·장애 등을 뚫
　　고 나가다, 교섭으로 협정하다, 결정하다
a credit : 명예가 되는 것. He is a credit to his family. 그는 가문의 명예
　　이다

A : Do you want to ask me the price?

B : Yes, I want to ask you the price?

A : Do you want to negotiate the price of it?

B : Yes, I want to negotiate the price?

A : Will the prices go up or come down?

B : The prices will go up[come down].

A : Will you alter the price?

B : It's still up in the air.

A : When will you settle the price and let us know?

B : We'll let you know by 10.

A : 값을 알고[묻고] 싶으십니까?

B : 네, 값을 알고[묻고] 싶습니다.

A : 이 물건값을 교섭하고 싶으십니까?

B : 네, 값을 교섭하고 싶습니다.

A : 값이 오를까요, 내릴까요?

B : 값이 오를[내릴] 것입니다.

A : 값을 변경하실 작정이신가요?

B : 아직 미정입니다.

A : 언제 가격을 결정해서 알려[연락해] 주시겠습니까?

B : 10일까지 알려드리겠습니다.

Do you want to + 동사원형 = Would you like to + 동사원형 : Do~ ~하
　　고싶니, Would you~ ~하고 싶으십니까, ~하면 좋으시겠습니까?
I want to + 동사원형 : 나는 ~하고 싶다, ~할 필요가 있다 You want to
　　see a doctor 의사의 진찰을 받아야겠다
negotiate〔nigóuʃièit〕: vi. 교섭[협상]하다, 교섭으로 협정하다, 결정하다
　　negotiate with a person for a matter 어떤 문제로 ~와 교섭하다
go up : 물가 등이 오르다, 계기, 온도, 압력 등이 상승하다, 길 등이 ~으
　　로 올라가다, 이르다. 《구》 파산하다
come down : 값이 내리다 《in》, 내려오다, 침실에서 일어나 내려오다, 비가
　　내리다, 물건이 떨어지다, 나무가 잘려 넘어지다
alter〔ɔ́:ltər〕: vt. vi. 모양·성질·위치 등을 변경하다, 바꾸다
still〔stil〕: a. ad. vt. n. 고용, 정적, 지금까지도, 아직, 조용한, 고요한, 소
　　리 없는, 고용(잔잔)하게 하다, 그럼에도 불구하고
up in the air : 《구》 미정의, 미해결의, 막연한, 기뻐 어쩔 줄 몰라, 흥분하
　　여, 화나서, 공중에. with a sad air 쓸쓸하게, 풀이 죽어 with an
　　air 자신을 가지고, 점잔빼며
settle〔sétl〕: vt. 결정하다, 결심하다, 해결하다, 처리하다
let : (사역동사) ~에게 ~하게 해 주다. let you know 연락하겠다 let us
　　know 연락해주세요

A : The price of raw material was raised to 5 dollars.

B : Will you raise[increase] the price?

A : I'm sorry, but I've got to raise the price against my will.

A : What is the price of this?

B : It's 10 dollars per set.

A : What's your lowest price?

B : 9 dollars is our rock-bottom price.

Accessories give little profit.

Please meet our figure.

This is a reasonable price.

We never ask two prices.

We ask only one price.

A : 원자재 값이 5달러 인상되었습니다.

B : 값을 올리실 건가요?

A : 죄송하지만, 본의 아니게[부득이] 올리지 않으면 안 됩니다.

A : 이 값은 얼마입니까?

B : 한 벌에 10달러입니다.

A : 얼마까지 해주시겠습니까?

B : 9달러까지 해드리겠습니다(9달러가 최저 가격입니다).

액세서리는 이윤이 거의 없습니다.

저희가 요구하는 가격에 응해주십시오.

이것은 알맞은 값입니다.

절대로 값을 일부러 비싸게 부르지는 않습니다.

raw material〔rɔ mətíəriəl〕: n. 원자재. make a raise 조달하다, 찾아내다

raise〔reiz〕: vt. 올리다, 높이다. vi. 오르다(rise). n. 가격인상, 승급. get a
raise 승급되다

against my will : 본의 아니게. iron will 철썩 같은 의지, at will ＝at
one's own[sweet] will 뜻대로, 마음대로

lowest〔lóuist〕: (low 낮은, 싼의 최상급) a. 제일 싼, 최저의, 최소의, 최하
의. at the lowest 적어도, 낮아도

rock-bottom〔rakbátəm〕: a. 최저의, 최하의 (가격). rock bottom n. 가격
등의 최저, 밑바닥

give little profit : 금전상의 이익[이득, 벌이]이 거의 없다. little은 거의(없
다), a little 조금(있다)

meet～figure : 요구하는 값에 응하다, 요구하는 값을 쳐주다. meet 요구·
필요·의무 등에 응하다, 충족시키다 figure 가격, 합계, 액

reasonable〔ríːzənəbl〕: a. 값 등이 과하지 않는, 적당한, 사리를 아는

ask two prices : 일부러 값을 비싸게 부르다

ask only one price : 값을 비싸게 부르지 않다, 받을 만큼만 부르다. at a
reasonable price 적당한 값으로

A : What's the price of this?

B : It's 10 dollars per piece.

A : That's an excessive price.

B : This is the newest thing just put out.

A : What makes it so expensive?

B : It comes expensive because it's made of imported raw material, you know.

B : Is the price working for you or against you.

A : It's against me.
Can't you come down a little?

B : Sure. We'll give you special discount of 20%.
It would be a good buy.
OK, I'll meet your figure.

A : 이 물건값은 얼마입니까?

B : 1개에 10달러입니다.

A : 그건 너무 엄청난 값입니다.

B : 이건 새로 나온 신제품입니다.

A : 왜 그렇게 비싸지요?

B : 수입 원자재로 만들어지기 때문에 그리고 정성 들여 만들기 때문에 비싸게 먹힙니다.

B : 가격이 맞습니까? 맞지 않으십니까?

A : 안 맞습니다.
조금 값을 내릴 수 있으십니까?

B : 내리고 말고요, 2할 특별할인 해드리겠습니다.
정말 싸게 잘 사시는 겁니다.
좋습니다, 그 금을 쳐드리겠습니다.

excessive [iksésiv] : a. 엄청난, 지나친, 과도한, 과대한, 과도의,
　　　　~ly ad. 과도하게, 《구》 대단히, 아주(very)
newest thing : (새로 나온) 신제품
just put out : 막 나온. just : [완료형·과거형과 쓰여] 이제 방금, 막
put out : 밖으로 내다, 하청주다, 출판하다, 발표하다
what makes + 목적어 + 보어 : (목적어)가 왜 (보어) 하는가
make + 목적어 + 보어 : (문두에 what과 같이 쓰여) 무엇 때문에
come expensive : 비용이 많이 들다, 비싸게 먹히다
expensively : 비용이 들다, 비싸게
is made of imported raw material : 수입된 원자재로 만들어지다, (is가 없
　　　　으면) ~이 만들어진
you know : 《구》 [단지 간격을 두지 위해, 다짐하기 위해] 보시다시피
　　　　문장의 중간에서 He's a bit, you know, crazy.
　　　　문장의 후미에서 He's angry, you know.
working for you : 당신에게 실제로 도움이 되는
against you 당신에게 불리하여
come down a little : 조금 값을 내리다, 내려가다
a good buy : 《구》 싸게 잘 산 물건, a bad buy 《구》 잘못 산 물건
What a good buy! 참 잘 사셨습니다,
what a bad buy! 참 잘못 사셨군요
against [əgènst] : ~에 불리하여, ~에 불리하게
working [wə́:rkiŋ] : a. 실제로 도움이 되는, 실용적인, 얼굴이 경련하는. n.
　　　　일, 노동, 작업

A : When will the prices recover?

B : The prices will recover soon.

A : Will the prices slide down[go down]?

B : Yes, the prices will go down, I tell you.

A : Prices stay down?

B : Yes, they do.

A : We'll buy them if the prices are moderate [satisfactory].

B : The prices will touch the bottom.

A : How much is it? [What's the price?]

B : 100 dollars.

A : Your prices is too high.
That's too expensive.

B : The prices will skyrocket[go up].

A : 언제 값이 회복될까요?

B : 값은 곧 회복 될 겁니다.

A : 값이 점점 떨어질까요?

B : 네, 장담합니다.

A : 값은 떨어진 채로 있습니까?

B : 네, 그렇습니다.

A : 가격들이 적당하면 그것들을 사려고 합니다.

B : 값은 내릴 대로 내려갈 것입니다.

A : 얼마입니까?

B : 100달러입니다.

A : 값이 너무 높습니다(너무 달라시는군요).
       너무 비싸군요.

B : 값은 급등 할 것입니다.

recover〔rikʌ́vər〕: vt. 회복하다, 되찾다, 다시 찾다, 손실을 벌충하다, 손해 배상을 하다, 재발견하다, 시체 등을 찾아내다

slide down : 서서히 밑으로 이동하다

slide〔slaid〕: vt. 미끄러지게 하다, 활주시키다(down, on, upon, up) vi. 미끄러지다

I tell you : 《구》문장 후미에 쓰여 (지금 말한 것을) 단언하다

stay down : 가격·핸들·스위치 등이 내려진 채로 있다

moderate〔mádərət〕: a. 알맞은, 적당한, 값이 알맞은

moderate prices : 적당한 값, 싼 값

satisfactory〔sètisfǽktəri〕: a. 만족스러운, 더할 나위 없는, 충분한(for, to), 성적이 보통의, 양의

touch (the) bottom : (발끝이) 물밑에 닿다, 암초에 걸리다, 극도로 타락하다, 사실이 명백하게 되다

skyrocket〔skáirɑ̀kit〕: vt. vi. 물가가 급등하다, 물가를 급등시키다, 명성 등이 높아지다, 높이다. n. 봉화

A : Will you allow[give] any discount if I pay cash in full.

B : We discount 20% on it.

A : Can you discount 20% off the total.

B : Sure.

A : Please discount 20% off the price.

B : We lose money at that price.

A : Please make a 10% discount.

B : We don't give[allow] any discount.

This is not a discount store.

We sell at
a reduced price.
a wholesale price.
a retail price.
a fixed(set, labeled) price.

A : 현금으로 전액을 지불하면 얼마나 할인해 주십니까?

B : 그 물건에 2할 할인합니다.

A : 총액에서 2할 할인해 줄 수 있습니까?

B : 좋습니다.

A : 그 가격에서 2할 할인해 주십시오.

B : 그 값으로는 밑집니다.

A : 1할 할인해 주세요.

B : 할인은 조금도 안됩니다.

여기는 할인점포가 아닙니다.

할인된 값으로 팝니다.

도매가격으로 팝니다.

소매가격으로 팝니다.

정찰제입니다.

allow[give] discount (on) : 할인을 하다
off the total : 총액에서
lose money : 밑지다
make a 10% discount : 1할 할인하다
discount store : 할인점포, 싸구려 가게(discount house)
at : [값·수량·비용에 쓰여] ~으로, ~에
at a reduced price : 할인가격으로
at a wholesale price : 도매가격으로
at a retail price : 소매가격으로
at a fixed[set, labeled] price : 정찰가격으로
off the price : 그 가격에서
at that price : 그 값이면

A : How soon do you think we can take delivery of goods from you?

B : I think you can take it at the appointed date.

We'll deliver it to you as[so] far as circumstances permit [will allow].

We'll deliver them to you in any case.

We'll deliver it regardless of circumstances.

We can not deliver them only in special circumstances.

A : Please let us know in case there arise unavoidable circumstances.

B : Of course.

Check Point

How soon : 어느 정도 빨리, 언제쯤
take[get] delivery of goods : 상품을 인수하다
as far as = so far as : ~하는 한은, ~하는 한에서는. prep. ~까지,
      부정문에서는 so far as; so far as it goes 그 일에 관한 한

A : 언제쯤 당사가 귀사로부터 그 물품을 인도 받을 수 있다고 생각하십니까?

B : 약속된 날짜에 인도 받을 수 있다고 생각합니다.

사정이 허락하는 한 인도해 드리겠습니다.
어떤 사정이 있더라도 인도하겠습니다.

사정의 여하를 막론하고 인도합니다.

특별한 사정이 있는 때에 한해서 인도가 어렵습니다.

A : 부득이한 사정의 경우에는 연락을 해 주십시오.

B : 물론입니다.

Check Point

circumstances permit 〔sə́ːrkəmsæns pərmít〕 : 사정 · 상황 · 환경 · 형편이 허락하다
in any case : 어떤 사정이 있더라도, 하여튼, 어떻든
regardless of : ~의 여하를 막론하고, ~을 개의치 않고, ~에 관계없이
in case there arise : ~가 (문제 · 곤란 등이) 일어날(발생할) 경우를 생각하여
unavoidable 〔ʌnəvɔ́idəbl〕 : a. 불가피한, 모면하기 어려운, 무효로 할 수 있는. ad. ~bly 불가피하게
arise 〔əráiz〕 : 문제 · 곤란 등이 일어나다, 발생하다

A : Where can we take delivery?

B : We deliver it at pier.

A : Can we take delivery alongside ship?

B : Sure.

A : Could you tell me how soon you can deliver?

B : We can deliver by May 10.

A : Could you fulfil delivery by May 10.

B : We guarantee delivery.

A : Would you please hurry delivery?

B : We'll try.

A : We request delivery.

B : We accept delivery.

A : 어디에서 인도 받을 수 있습니까?

B : 당사는 선창에서[부두에서] 인도합니다.

A : 배 옆으로 대고 인도 받을 수 있겠습니까?

B : 하실 수 있구말구요.

A : 언제쯤 인도할 수 있는지 말씀해 주실 수 있습니까?

B : 당사는 5월 10일까지 인도할 수 있습니다.

A : 5월 10일까지 화물을 인도할 수 있습니까?

B : 화물인도를 보증합니다.

A : 화물인도를 서둘러 주시겠습니까?

B : 힘쓰겠습니다.

A : 당사는 화물인도를 요청합니다.

B : 당사는 화물인도를 승낙합니다.

take〔get〕 delivery : 인도받다, 인수하다

pier 〔piər〕 : n. 부두, 선창, 잔교, 방파제, 교각

alongside 〔əlɔ́:ŋsáid〕 : ad. prep. ~에 옆으로 대고, ~의 뱃전을[에],

fulfil 〔fulfíl〕 : vt. [의무·약속·직무 등을] 완수하다, 이행하다, 끝내다,
　　　　명령·조건을 충족시키다, 부족을 채우다, 실행하다

delivery 〔dilívəri〕 : n. 인도, 명도, 교부, 출하, 납품, 편지 등의 배달,

hurry delivery : 인도를 서두르다

request 〔rikwést〕 : vt. 청하다, 요구하다, 구하다, 바라다, 신청하다. n. 부
　　　　탁·소청·요구·청원

accept 〔æksépt〕 : vt. [선물 등을 기꺼이] 받아들이다, 초대·신청·임명 등
　　　　을 수락하다, 받아들이다

A : How are you shipping our order?

B : We're shipping your order by air.

A : Would you please ship our order by liner?

B : Yes, we ship your order by liner.

A : What's the
port of shipment?
port of discharging?
port of unloading?
port of delivery?
port of entry?
port of registry?
port of coaling?
port of distress?
port of call?

B : We ship goods from Inchon.

Check Point

ship 〔ʃip〕: vt. 배에 싣다, 배로 보내다, 나르다, 수송하다
a port of shipment : 선적항

A : 당사 주문품은 어떻게 수송[발송] 하시겠습니까?

B : 주문품은 항공편으로 발송[수송]할 것입니다.

A : 당사 주문품을 정기선 편으로 수송[발송] 해 주시지 않겠습니까?

B : 네, 귀사 주문품을 정기선으로 수송합니다.

A :

선적항은
양륙항은
양륙항은
화물 인도항은
수입항[관세 수속항]은
선적항은
석탄 적재항은
피난항은
기항항은

무슨 항입니까?

B : 당사는 상품을 인천항에서 발송합니다.

Check Point

shipment 〔ʃípmənt〕: **n.** 선적, 수송, 발송
order 〔ɔ́ərdər〕: **n.** 주문, 주문서, 주문품, 환증서, 종, 어음의 지정인, 종류, 순서, 차례. **in alphabetical order** : ABC순서로
liner 〔láinər〕: **n.** 정기선, 정기 항공기, 대양항해의 대형쾌속선
discharging 〔disʧáərʤiŋ〕 = unloading〔ʌnloudinŋ〕: 양륙

A : Would you please inform us of shipment by telex?

B : Yes, we inform you by telex.

A : Please inform us after you complete shipment.

B : We've just begun shipment.
We'll let you know as soon as we complete shipment. It won't take long.

Shipment is under way.

We've gong far with shipment.

Please speed up[expedite] shipment.

Shipment is getting speeded up.

We delay shipment.

We put off[extend] shipment.

We cancel shipment as of today.

A : 적하를 텔렉스로 통지해 주시겠습니까?

B : 텔렉스로 통지합니다.

A : 적하 완료 후에 통지해 주시기 바랍니다.

B : 방금 적하를 시작했습니다.
적하 완료를 하자마자 연락해 드리겠습니다. 시간은 오래
걸리지 않을 겁니다.

적하는 진척중입니다.

선적은 많이 진척되었습니다.

적하 속도를 더 올려[촉진시켜] 주십시오.

적하는 속도를 더해가고 있습니다.

적하를 지연시킵니다.

적하를 연기합니다.

오늘부로 적하를 취소합니다.

We reject shipbment.

We suspend shipment.

We make shipment of goods as of May 5.

· ·

적하를 거부합니다.

적하를 중단합니다.

5월 5일 부로 상품을 적하합니다.

a ship in distress : 조난[난파]선
signal of distress : 조난 신호
expedite[ékspadàit] vt. 《문어》 진척시키다.
　　　　　　　　　촉진시키다(speedup)
　　　　　　　　　신속히 처리하다(dispatch)

CHAPTER 3

TRADE BUSINESS

무 역 실 무

1. 시장 개척의 첫 순위 거래처의 선정

문제 1 처음으로 무역 거래를 하려고 하는데 우선해야 할 일은 무엇입니까?

답 우선 거래처를 선정해야 합니다. 본인이 취급하는 상품을 놓고 누구에게 팔 것인가 또는 누구로부터 살 것인가를 선정해야 합니다.

문제 2 취급하는 상품을 수출하려면 흔히 어떤 곳을 이용합니까?

답 해외주재 우리 나라 대사관·영사관·은행·KOTRA·상대국의 상업회의소, 유명상사, 협회 등을 이용하여 선전 안내를 하도록 합니다. 물론 이쪽에서 직접 salesman을 보내서 시장탐색에 나서기도 합니다.
KOTRA Korea Trade Promotion Corporation
　　　　　대한무역진흥공사

문제 3 어떤 상품을 수입하려고 할 때의 방법은 어떻습니까?

답 같은 방법으로 이루어지며 외국에서 발행된 Catalogue나 잡지·선전물 등을 이용하면 됩니다.

문제 4 거래 대상처를 정해놓고 앞으로의 계속적인 거래를 통하여 각종 비용 등 수지타산을 맞추어 보기 위해서는 무엇을 구체적으로 하여야 합니까?

답 구체적인 시장 분석을 해야 합니다.

문제 5 시장 분석은 무엇을 파악하는 것입니까?

답 ① 상품에 대한 관세율은 몇 %인가?
② 경쟁품 또는 대용품은 없는지?
③ 수출 최대량은 얼마나 되는지?
④ 무역 관리제도는 어떤지?
⑤ 거래 방법과 거래 관습은 어떤지 이상 5가지를 파악하는 것입니다.

문제 6 시장 분석의 결과 만일 타산이 맞을 때에 그 다음 단계에선 무엇을 해야 합니까?

답 청약서(Letter of Business) 또는 안내장(Circular Letters)을 발송해야 합니다.

문제 7 청약서에는 무엇을 기재해야 하며, 첨부할 것은 무엇입니까?

답 ① 상대방을 알게된 경로
② 취급 상품에 대한 설명

③ 거래 조건

④ 신용 조회처

⑤ 회사 소개(영업규모) 등을 기재해야 되며, Catalogue · Sample · Price List · Quotation 등이 첨부되어 발송되어야 합니다.

문제 8 Circular Letter(안내장)은 어떤 것입니까?

답 거래를 개시함에 있어서 상대방의 주의를 끌고 호감과 관심을 얻기 위한 것으로 Offer와 같은 법률적 효과는 없습니다. 물론 상품의 안내에 이용되지만 주로 쓰이는 용도는 지점의 설치 개점·이전·업종·중역진의 개편 등을 알리는데 이용됩니다.

문제 9 듣고 보니 Circular Letter란 앞으로 거래 관계를 맺었으면 좋겠다는 회람장인 것 같은데요.

답 그렇습니다. 면식이 없는 외국인에게 자사를 소개하는 첫 번째의 서신임으로 회람장을 받는 후보자가 많으면 많을수록 좋으며 자기에게 호감을 갖고 이 호감이 거래와 이어져야만 합니다.

문제 10 최대한 많은 곳에 회람장(안내장)을 발송하려면 어떻게 해야 합니까?

답 상공인 명록(directory)을 보고 선정하여 발송하면 됩니다.

THE SEOUL KITCHEN WARE CO., LTD.
10 Myung-dong Chung-ku Seoul
KOREA

May 10. 1999

Mr. Smith & Co.,

Dear Sir.

We have the pleasure of informing you that we have just established ourselves as a dealer in Seoul Kitchen Ware at the above address.

We understand from the American Consulate here that you are one of the leading importers and wholesalers of Kitchen Ware in New York.

We can assure you that any business which you may place with us shall receive our best and prompt attention. We are confident that we can supply the highest quality Kitchen Ware at favorable prices.

We refer you to our bank, The Korean Exchange Bank, Ltd., for any information you may require as to our standing.

We hope we may have the pleasure of serving you in the very near future.

Your early and favorable reply will be appreciated.

Very truly yours,

회 람 장

서울 주방용품 유한 회사

대한 민국 서울 중구 명동 10 번지

1999년 5월 10일

Mr. Smith & Co.,

삼가 아룁니다.

폐사가 상기 주소지에 서울 주방용품 업자로 막 개업하면서 이를 알려드리게 되어 기쁘게 생각합니다.

폐사는 이곳 미국 영사로부터 귀사가 뉴욕에서 제 1위의 수입 및 도매업자 중에 한 회사라는 것을 들어서 알고 있습니다

폐사는 귀사가 저희와 어떤 거래를 하시더라도 최선의 신속한 배려를 받으실 것을 보증합니다. 폐사는 최상의 품질인 주방용품을 유리한 가격으로 공급할 수 있다고 확신하고 있습니다.

귀사가 폐사의 지위 등에 관하여 필요로 하는 정보를 얻으시려면 유한 한국 외환 은행에 알아보도록 하십시오.

폐사는 귀사에 아주 가까운 장래에 필요한 물건을 공급할 수 있기를 바랍니다.

귀사의 찬성하는 회답을 속히 보내주시면 감사하겠습니다.

삼가 올림

quotation〔kwoutéiʃən〕: n.《상》시세(표), 시가(on), 견적(액)《for》

circular〔sə́:rkjulər〕: a. 회람의, 순회의, 원의, 원형의, 순환성의
　　　　a circular letter 회람장

model〔madl〕: a. 모범의, 시범의. n. 모형, 모범. vi. 모형을 만들다.

kitchen Ware〔kítʃin wɛ̀ər〕: n. 부엌 세간

LTD., ltd. limited〔límitid〕: a. 회사가 유한 책임의

Dear〔diər〕: a. 친애하는, 귀여운, 그리운, 상품 등이 비싼, 가게 등이 비싼

Dear Sir : 상업문 또는 모르는 사람에 대한 편지의 서두 인사

we have the pleasure of + 동명사 : ~함을 만족스럽게 여기다.

informing〔inform, infɔ́ərm〕: vt. [통지하다의 동명사] 알리는 것

we have just established : 막 창립[설립·개설] 했다

just : 현재 완료나 과거시제에 쓰여 막, 방금

establish〔istǽbliʃ〕: vt. 국가, 학교, 기업 등을 설립·개설·창립하다

establish oneself : 자리잡다, 들어앉다(in), ~로서 입신하다, 개업하다

pleasure〔pléʒər〕: n. 즐거움, 유쾌, 만족, 기쁨, 쾌감, 기쁜 일(특히 육체적
　　　　쾌락, 방종, 위안, 오락). a man of pleasure 난봉꾼, one's
　　　　pleasure 취미, 의향, 의지, 욕구, 임의

as a dealer〔əz ə díːlər〕: ~상으로서, 상인(업자)로서

at the above address : 상기 주소지에

we understand from : 폐사는 ~로부터 들어서 알고 있다

understand〔ʌnderstǽnd〕: vt. 들어서 알고 있다, 듣고 있다, 이해하다

I understand that he is now in the States : 듣건 데 그는 지금 미국에 있
　　　　는 중이다

American Consulate : 미국 영사관

one of the leading importers and wholesalers : 제 1위의 수입·도매업자
　　　　중의 하나

leadership : 통솔력. a leading figure in economic circles : 경제계의 중진

leading〔líːdiŋ〕: a. 손꼽히는, 일류의, 제일 위의, 뛰어난. n. 지도, 선도, 지
　　　　휘, 통솔, 통솔력

one of : ~중에 하나 (one of 다음의 명사는 반드시 복수 명사)

importers〔impɔ́ərtər〕: n. 수입상, 수입업자, 수입국

wholesalers〔hóulsèilər〕: n. 도매업자

we can assure you that + 주어 + 동사 폐사는 귀사에게 ~할 것을 보증한다

any business which you may place with us : 폐사와 어떤 거래를 하시더
　　라도
any 〔éni〕: a. (긍정문에서, 강조적으로, 보통 단수 명사 앞에서) 어떠한 ~
　　이라도, 무엇이든~
place 〔pleis〕: vt. (회사 등에) 주문을 하다, 거래 등을 하다
business 〔bíznis〕: n. 거래(with), 상업경기, 사업, 실업, 사무, 업무, 직업
best and prompt attention : 최선의 시속한 배려
prompt 〔prompt〕: a. 재빠른, 신속한, 기민한, 즉시 ~하는
attention 〔əténʃən〕: n. 주의, 유의, 주목, 주의력, 처리, 대처, 배려, 돌봄
we are confident that + 주어 + 동사 : that 이하를 확신하고 있다
at a favorable prices : 유리한 가격으로
favorable 〔féivərəbl〕: a. 유리한, 형편에 알맞은(suitable), 호의를 보이는
refer 〔rifə́:r〕: vt. 사람을 ~에게 알아보도록 하다
The Korea Exchange Bank : 한국 외환 은행
as to our standing : 폐사의 지위에 관하여
standing 〔stǽndiŋ〕: n. 신분, 지위, 명성, 명망, 계속, 존속, 지속
in the very near future : 아주 가까운 장래에.
all standing : 모든 것을 갖추고, 만반의 준비가 되어
people of high[good] standing : 신분이 높거나 명망있는 사람들
favorable reply 〔feivərəbl riplái〕: 호의를 보이는 회답, 찬성하는 회답
have a bright[brilliant] future : 빛나는 장래가 있다. have no future 장래
　　성이 없다, for the future 장래에는
will be appreciated : 감사하겠습니다
appreciate 〔əprí:ʃièit〕: vt. 사람의 호의 등을 고맙게 생각하다, 감사하다

2. Credit Inquiries 신용조회

문제 1 신용조회의 시기는 언제입니까?

답 어떤 상품에 대한 시장이 분명히 드러나면 개별적인 거래치를 고르고, 상대방으로부터 거래희망이 와서 거래관계를 맺기 전에 해야 합니다.

문제 2 신용조회는 어느 범위를 해야 합니까?

답 새로운 거래처의 신용조사는 상대방의 재정 상태, 영업성적, 거래능력, 인격 등 광범위하게 해야 합니다.

문제 3 조회 의뢰서는 어느 곳입니까?

답 일반적으로 새로운 거래 희망자가 제시해 온 은행 신용조회처, 동업자 신용 조회처, 조합 등을 이용하며 때로는 신용 조회 업무를 취급하는 상업 흥신소나 자사 지점, 대리점, 출장소 등을 통할 수도 있습니다.

문제 4 업자 신용 조사 의뢰장의 작성 요령은 무엇입니까?

답 업자 신용 조사 의뢰장에 기재할 사항은 회사의 설립 연월일과 정확한 소재지, 연혁, 취급 상품, 영업 상태, 거래 관계자의 평판, 지불 능력 등이며 조사 이유와 내용을

기재하고 비밀을 엄수해서 후일 서로 불미스러운 일이
생기지 않도록 하겠다는 약속을 명백히 해야 합니다.

문제 5 상품을 수입할 때는 신용 조회 이외에 일반 조회를
한다는데 일반 조회란 무슨 조회인가요?

답 일반 조회란 상품의 품질, 규격, 포장방법, 거래 조건 등
광범위한 조회를 하는 것이며, 이때에는 카탈로그 시세
표, 가격표 등의 송부를 요청할 수도 있습니다.

문제 6 신용 조회 의뢰후 신용 조회 의뢰에 대한 답변 보고
서를 받는데 무슨 내용들이 기재되어 있습니까?

답 회사의 설립 일자, 자본, 규모, 업종, 거래 은행명 및 거
래 상황, 영업 상태, 회사의 구성, 경영자의 인격, 지급의
무 이행의 정확도 등이 기재되는데 의뢰에 대한 답변서
는 곧 처음으로 거래제의를 해오는 상대방의 지급 능력
을 측정하고 파악하는 자료입니다.

REQUEST FOR CREDIT INFORMATION

Dear Sir,

We would highly appreciate it if you would let us have information about the reputation, financial and business standing of the firm named below. Any information will be held in strict confidence and without responsibility on your part.

ADDRESS :

BUSINESS :

Very truly yours,

신 용 정 보 청 원

삼가 아룁니다.

하기 회사의 평판, 재정 및 영업 상태에 관한 정보를 보내주시면 감사하겠습니다. 어떠한 정보도 극비로 취급할 것이며 귀편에 책임이 없을 것입니다.

주 소 :

회 사 :

삼가 올림

we would highly appreciate it if you would : ~해주시면 대단히 고맙겠습니다

let us have information about : ~에 관한 정보를 우리가 가질 수 있도록 하다

financial and business standing : 재정 상태와 영업 상태

the firm named below : 아래에 기명된 회사(상사, 상점)

be held in strict confidence : 극비로 취급하다

without responsibility on your part : 귀편에는 책임이 없이

3. 무역 계약의 체결(청약과 승낙)

문제 1 무역 계약의 체결은 어떻게 성립이 됩니까?

답 무역 계약도 물품의 매매계약으로서 당사자의 어느 한쪽에서 물품을 상대방에게 이전할 것을 약정하고 상대방은 그 대금을 지불할 것을 약정함으로써 계약이 성립됩니다.

문제 2 그러니까 어느 한쪽에서 매매를 제의할 때 상대방이 이를 승낙하면 계약이 성립되겠군요.

답 그렇습니다.

문제 3 청약을 받은 쪽이 청약을 해온 일방의 Offer에 대하여 승낙하지 않고 가격의 인하조정 등 Offer의 내용을 수정하자는 별도의 제시를 해오는 경우는 어떻게 합니까?

답 승낙하지 않고 별도의 제시를 하는 경우 이를 Counter Offer(반대청약)이라고 하는데 이것에 대하여 승낙을 하면 또한 계약은 성립이 됩니다.

문제 4 계약 당사자 중 어느 한쪽이 제시한 청약을 무역에서 Offer하고 하는데 좀더 자세히 알고 싶습니다.

답 어느 한쪽에서 매매를 제의할 때 상대방이 이를 승낙하면 계약이 성립이 되는데 매수인이 제의해 오면 이를 Buying Offer라고 하고, 매도인이 제시할 경우에는 이를 Selling Offer라고 하고, 일방의 Offer에 대하여 승낙하지 않고 내용 수정의 별도 제시가 있을 때 이를 Counter Offer라고 합니다.

문제 5 Offer의 종류에 대해서 자세히 알고 싶습니다.

답 먼저 Firm Offer(확정 Offer)에 대해서 말씀 드리겠습니다. 청약(Offer)을 제시함에 있어서 상대방이 회답을 하여야 할 유효기한을 정하고 일정한 상품에 대하여 특정한 조건으로 매매할 것을 제의하고, 이에 대하여 그 기한 이내에 회답이 없을 경우 이 Offer는 자동 무효가 되며, 청약(Offer)을 처음 제의한 당사자도 그 내용을 철회하거나 수정할 수는 없는 것을 말합니다.

문제 6 청약(Offer)을 받은 상대방이 승낙의 회답을 발송하기 전에 Offer를 철회 또는 수정할 수 있습니까?

답 Offer를 제시한 쪽에서는 그 경우에 Offer를 철회 또는 수정할 수 있습니다.

문제 7 회답 유효기간이 경과한 후에 **Offer**를 승낙한 경우 어떻게 됩니까?

   답 청약(Offer) 발신자 측이 이를 받아들이면 계약은 역시 이루어집니다.

문제 8 Free Offer(자유 Offer)란 무엇입니까?

   답 승낙 기한을 정하지 않은 Offer입니다. 여러 가지 이유가 있는데 예를 들면 시장 시세의 변동에 따라 어느 때나 자유로이 바꾸거나 승낙의 통지가 있더라도 재고품이 없으면 유효하지 않으며, 일단 Offer의 유효기한을 두지만 임의로 변경하고자 할 때에 이용됩니다.

문제 9 특수한 경우에 Free Offer가 이용된다면 그밖에 일반적으로는 Firm Offer가 이용됩니까?

   답 네, 그렇습니다.

4. Contracts and Orders 계약과 주문

(1) 계 약

문제 1 보통 매도인이 청약을 해서 매수인이 이를 승낙하면 계약은 성립되면서 쌍방은 서로 권리 의무가 발생하는데 무역거래는 그 절차가 복잡하다고 들었습니다.

답 계약이 성립되면 매도인에게는 물품인도의 의무가 부과되며 매수인에게는 대금지불의 의무가 부과됩니다. 복잡한 무역거래를 앞두고 쌍방이 서로 이익을 보면서 관계를 유지시키려면 첫 단추가 되는 계약서에 관한 깊은 인식이 있어야 합니다.

문제 2 계약시 계약서에 서로의 의견이 명확하고 충분하게 반영되고 계약에서 정한 권리와 의무를 성실히 이행해 나가면 별 문제가 없지 않습니까?

답 큰 문제는 없으나 쌍방간의 마찰이 없겠습니까. 이는 상호 이해의 부족과 오해에서 일어나기 쉽습니다. 계약 내용의 해석에서 나오는 견해 차이로 claim을 해오거나 소송을 제기하면 서로가 손해이며 오랫동안 지속되어 오던 거래관계가 무너질 수도 있는 사태에까지 갈 수도 있습니다.

문제 3 전문 법률가의 도움을 받아 계약할 수 있습니까?

답 네, 그렇습니다. 간혹 계약에 관한 일 모두를 맡기고 당사자는 이들의 도움으로 계약 내용을 이해하게 되지만 언어 장벽 등의 이유로 오해가 생겨서 마찰은 조금씩 뒤따릅니다.

문제 4 계약의 형태에 대해서 알고 싶습니다.

답 장래의 지속적인 거래를 위하여 개별적인 계약 체결에 앞서 거래의 일반 조건에 대한 Agreement(협정) 또는 Memorandum(무역거래 적요)을 맺게 됩니다.

문제 5 계약서 작성에 대해서 알고 싶습니다.

답 Offer를 승낙하여 계약이 성사되면 매매계약서를 작성하게 되는데 계약서는 보통 2통을 매도인이 작성하여 이를 매수인에게 송부하면 매수인은 그 중 1통에 서명한 후 다시 매도인에게 송부하고 나머지 1통은 보관합니다.

(2) 주 문

문제 1 매매 계약이 체결된 후에 쌍방은 거래가 반복되면서 그때마다 주문서를 작성하여 송부해야 합니까?

> 답 그렇습니다. 매수인은 Order Sheet(주문서)를 작성하여 매도인에게 송부하면 매도인은 Sales Note(매매 각서)를 작성하여 매수인에게 송부한 후 회신을 기다립니다.

문제 2 매도인측의 Sales Note에는 무엇이 기재되어 있습니까?

> 답 일반적으로 상품의 품명, 규격, 수량, 가격, 포장 조건, 선적 시기 그리고 대금의 결재 방식 등이 기재되어 있습니다.

문제 3 Confirmation of Order란 무엇입니까?

> 답 전보 또는 전화로 주문을 할 때는 이를 확인하기 위해 이것을 작성하여 송부하는데 우리말로는 '주문 확인서'라 합니다. 거래가 계속 반복될 때에는 품목, 규격, 수량을 제외하고는 이를 일일이 하지 않아도 되며 대신 평소와 같은 조건의 뜻인 'Terms As Usual'이란 글로 대신합니다.

(3) SALES NOTE (매매각서)

Reference :

Sample No :

Nomenclature	Quantity	Unit price	Amount
품 명	수 량	단 가	총액[총계]

Packing : 포장
Delivery : 인도
Destination : 목적지 항구
Payment : 지불
Shipment : 선적
Remark : 비고

We are pleased to confirm the above order from you on terms and conditions stated on this Sales Note. Kindly sign and return the duplicate immediately as your confirmation of the same. If you find anything not in order, please let us know immediately, if necessary, by cable.

DAIMYUNG LIMITED
SEOUL, KOREA

_____
　　　(Signatory)

sales〔seilz〕: a. 판매상의, 판매의. n. pl. 매출액, 팔림새, 팔림성적
note〔nout〕: n. 짧은 편지, 각서, 수기, 비망록, 짧은 기록, 단신
reference〔réfərəns〕: n. 참조, 대조, 언급, 관련, 관계, 신원[신용] 조회처
for (one's) reference : 참고를 위한, 참고를 위하여. without reference to
　　～에 관계없이, ～을 상관치 않고
nomenclature〔nóumənklèʧər〕: n. 명칭, 목록, 학명, 술어
quantity〔kwántəti〕: n. 수량, 분량, 양. in quantity = in (large) quantities
　　다량으로, 많이
unit price : 물품의 단가. unit pricing 단위가격 표시, unit-does packing 구
　　분포장, 일회 복용량
unit cost : 단위원가
amount〔əmáunt〕: n. 액. the amount 총액, 총계, 대부금의 원리 합계
packing〔pǽkinŋ〕: n. 포장, 짐꾸림. packing business 통조림 제조업, 식품
　　포장 출하업
delivery〔dilívəri〕: n. 출하, 인도, 배달, 배달품, 분만, 해산. an easy
　　delivery 순산
delivery port : 인도항. payment on delivery : 현품 상환지불.
destination〔dèstənéiʃən〕: n. 《상》상품이 닿을 곳[항구], 목적지, 행선지
payment〔péimənt〕: n. 지불, 납입, 불입, 지불금액, 불입금액, 상환, 변상
shipment〔ʃípmənt〕: n. 선적, 수송, 발송. a port of shipment 선적항
remark〔rimáərk〕: n. 의견, 말, 비평. vi. 감상을 말하다
we are pleased to confirm : ～을 확인하게 되어 기쁘게 생각하다
on terms an conditions stated on this Sales Note : 본 매매 각서에 정해
　　진(기재된), 조건과 규정에 입각해서(on)
kindly sign and return : 부디 서명하시고 돌려보내 주시오
duplicate〔djú:plikət〕: n. 동일물의 2통중의 하나, 이중(2배)으로 하다, 복
　　사(복제)하다. a duplicated copy 부본, 사본
immediately〔imí:diətli〕: ad. 곧, 즉각, 즉시
as your confirmation of the same : 쌍방확인으로
anything not in order : 제대로 안 된 것
please let us know : 알려주시오, 연락해 주시오
if necessary : 필요 하시다면
by cable : (해저) 전신으로

5. 무역 계약시 갖추어야 할 기본 조건

문제 1 무역 계약시 기본 조건이란 무엇입니까?

답 ① 품.조 : 품질에 관한 조건
　② 가.조 : 가격에 관한 조건
　③ 수.조 : 수량에 관한 조건
　④ 선.조 : 선적기일에 관한 조건
　⑤ 대.조 : 대금결재에 관한 조건
　⑥ 불가.조 : 불가항력에 관한 조건
　⑦ 해.보.조 : 해상 보험에 관한 조건

문제 2 품.조에서 꼭 알아 두어야할 것은 크게 어떤 것들이 있습니까?

답 크게 두 가지가 있습니다.
　① 품.방 : 품질 결정의 방법
　② 품.시 : 품질 결정의 시기

문제 3 가.조에서는 어떤 것을 알아야 합니까?

답 크게 두 가지가 있습니다
　① 가.결 : 가격의 결정(F.O.B, Ex-ship, C.I.F)
　② 지.통 : 지급 통화

문제 4 수.조에서는 어떤 것을 알아야 합니까?

⟨답⟩ 크게 세 가지가 있습니다.
① 수.단 : 수량 단위
② 수.결.시 : 수량 결정의 시기
③ 수.과 : 수량의 과부족

문제 5 선.조에서는 어떤 것을 알아야 합니까?

⟨답⟩ 크게 두 가지가 있습니다.
① 선.기.지 : 선적 기일의 지정
② 선.약 : 선적에 관한 약관(일반조건, 특수조건)

문제 6 대.조에서는 어떤 것이 있습니까?

⟨답⟩ 크게 세 가지가 있습니다.
① 대.방.화.환 : 대금 결재 방법과 화물환어음(주문지급,
순차지급, 선적지급, 일부주문지급, 화환어음에 의한
결재)
② 화.어.기 : 화환어음의 기간
③ 선.서.인.조 : 선적 서류와 인도 조건

문제 7 불가.조에서는 어떤 것이 있습니까?

⟨답⟩ 크게 두 가지가 있습니다.
① 불.항.약 : 불가항력의 약관

② 계.불.항.범 : 계약서 상의 불가항력의 범위

문제 8 해.보.조에는 어떤 것이 있습니까?

답 크게 두 가지가 있습니다.
  ① 보험을 거는 측이 어느 쪽인가
  ② 보.사.손.배.범 : 보험회사가 담보하는 손해 배상의 범위

(1) 품.방. 품질을 결정하는 방법

문제 1 무역 계약을 할 때 품질의 결정은 어떻게 합니까?

답 견품, 표준품, 상표, 규격, 명세서에 의해서 품질의 결정
을 하게 됩니다.
  ①「견품」상품의 일부이며 국제 거래의 대부분이 견품
  으로 매매되고 있습니다.
  ②「표준품」농작물과 같은 특정한 표준품을 기초로 거
  래할 때 사용됩니다. 도착 물품이 표준품과 다르고 차
  이가 클 때에는 정도에 따라 대가를 증감합니다.
  ③「상표」널리 알려진 것일 때에는 상표나 Brand에 따
  라 거래됩니다.
  ④「규격」국제적으로 규격이 정해진 상품에 관하여 이
  규격에 따르며 품질의 등급이 아니고 품형을 말합니다.
  ⑤「명세서」기계류의 매매에 많이 이용되는데 재료, 구
  조, 능력 등에 관하여 상세히 기재한 것을 말합니다.

(2) 품.시. 품질 결정의 시기

문제 1 품질 결정의 시기란 무엇입니까?

> 답 품질 결정의 시기란 선적인도 조건인 경우에는 선적 당시의 품질에 의하여 그 품질을 결정하며, 양육 인도 조건일 경우에는 양육 당시의 품질에 의하여 그 품질을 결정하게 됩니다.

문제 2 후일의 문제 돌출을 막기 위해서는 미리 그 조건에 관해 계약시에 협정해 두어야합니까?

> 답 그렇습니다. 분쟁이 일어나는 경우가 있으니까요.

문제 3 분쟁이 일어났을 때 책임의 소재는 어떻습니까?

> 답 선적인도 조간인 경우는 매도인에게 있고, 양육인도 조건인 경우에는 매수인에게 있습니다.

문제 4 매도인이 책임을 면하려면 어떻게 하면 됩니까?

> 답 Lloyd's Agent(Register)와 같은 권위 있는 검증기관에 의뢰하여 검사 증명을 받아서 수입자에게 송부하면 책임을 면할 수 있습니다.

문제 5 양육 품질 조건인 경우 수입자는 검증기관에서 받은 감정 보고서(Survey Report)를 근거로 수출자에 대하여 손해 배상 청구를 할 수 있습니까?

답 네, 그렇습니다.

문제 6 그러면 검증 기관과도 품질에 관한 어떤 협정을 해 두어야 합니까?

답 무역 계약을 체결함에 있어 미리 품질 분석 방법에 관하여 검증기관과 협정을 해두어야 합니다. 특히 품질 불량의 경우 중재 방법과 불량품의 처리 방법도 같이 분명히 해두어야 합니다.

(3) 가.결. 가격의 결정(F.O.B, Ex-ship, C.I.F)

문제 1 가격 조건을 결정하는데 어떤 약어들이 관습상 또는 편의상 쓰이고 있습니까?

답 인도 장소를 기준으로 할 때 수입지 인도 가격에는 다음과 같은 약어가 쓰입니다.
① In-Bond (보세창고 인도가격)
　Franco (반입 인도가격)
　Ex-ship (수입항 선측 인도가격)
　Ex-quay (수입항 부두 인도가격)

수출지 인도가격에는 다음과 같은 약어를 씁니다.
② F.A.S (수출항 선측 인도가격)
　F.O.B (수출항 본선적 인도가격)
　LOCO (현물 인도가격)

가격 구성 요소를 기준으로 할 때 수입지 인도가격에는 다음과 같은 약어를 씁니다.
① Duty Paid (통관필 가격)
　Duty Unpaid(통관 미필 가격)

수출지 인도가격에는
② C.I.F (운임 · 보험료 포함 가격)
　C & F (운임 포함 가격)
　C & I (보험료 포함 가격)

문제 2 이 중에서 가장 많이 쓰이는 거래 가격에는 어떤 것이 있습니까?

답 F.O.B (Free On Board) 가격
Ex-ship 가격
C.I.F (Cost Insurance Freight) 가격

문제 3 F.O.B가격이란 무엇입니까?

답 상품을 수출항의 본선 위에서 인도할 것을 조건으로 하는 가격으로 Free On Board의 약자입니다. 물론 선적할 때까지의 모든 비용은 매도인이 부담합니다.

문제 4 선박의 수배는 매도인이 합니까, 매수인이 합니까?

답 매수인이 하는 것이 원칙이지만 흔히 매도인이 대행하기도 합니다. 그 책임 소재는 매수인 측에 있습니다.

문제 5 Ex-ship가격이란 무엇입니까?

답 매도인이 상품을 도착항의 본선 선측에서 매수인에게 인도할 것을 조건으로 하는 가격입니다.

문제 6 매도인이 해야할 일은 무엇입니까?

답 매도인은 선박을 수배하고 해상 보험 계약을 체결하고

해상 운임과 해상 보험료를 부담해야 합니다.

문제 7 수입항에서 매수인에게 인도될 때까지의 위험은 매도인이 부담합니까?

답 그렇습니다.

문제 8 화물(선)이 매수인 측 수입항에 도착하지 않으면 어떻게 됩니까?

답 계약을 이행하지 못한 것으로 됩니다.

문제 9 C.I.F가격이란 무엇입니까?

답 Cost Insurance & Freight의 약자이며 운임·보험료 포함 가격입니다.
① 인도장소는 수출항
② 화물에 대한 책임은 매수인
③ 매도인이 선편과 해상 보험 주선(Ex-ship 조건처럼)
④ 해상 운임과 해상 보험료도 부담
⑤ F.O.B나 Ex-ship와 같은 현물 매매가 아님
⑥ 매도인이 선하증권과 그 화물의 손상에 의한 손해를 보상하는 해상보험 증권과 송품장을 제공하는 것을 조건으로 하는 가격입니다.

문제 10 C.I.F가격 조건은 선적 서류 제공으로서 계약이 이행된 것으로 보는 매매 계약입니까?

답 네, 그렇습니다. 화물 도착은 계약 이행과는 상관이 없고 화물의 소유권은 F.O.B, C.I.F 조건이냐를 막론하고 화물이 본선에 선적되면 그 소유권과 위험 부담책임은 이전하게 되고, 대금 결재상의 문제로 매도인이 소유권 이전을 유보하고 선하증권이 매수인에게 넘겨진 때에 비로소 소유권이 이전됩니다.

문제 11 가격 조건의 명시 방법은 어떻습니까?

답 F.O.B나 F.A.S 조건인 경우에는 수출항을 표기
C.I.F 유형은 수입항을 표기(F.O.B : Inchon, C.I.F : New York)

문제 12 가격 용어의 해석에 관한 국제 Rule 같은 것이 있습니까?

답 네, 있습니다.
① International Rules for the Interpretation of Trade Terms로 국제 상업회의소가 제정한 것인데 무역 조건의 해석을 목적으로 한 국제 Rule이란 뜻이다.
② Revised American Foreign Trade Definition이 있는데 미국 현대 무역 정의란 뜻이다.
③ C.I.F Warsaw-Oxford Rules

문제 13 위험 부담의 이전 시기에 관해서는 규정이 똑같이 되어 있습니까?

답 그렇지 않습니다. 제각기 다르게 규정하고 있기 때문에 이점에 각별한 유의가 요망됩니다.

문제 14 무역 거래 시 지급 통화를 자국 통화로 하면 가장 편리할 것 같은데요?

답 그렇습니다. 그러나 무역 거래에 있어서 지급 수단으로 이용될 수 있는 통화는 안정성과 공신력이 있어야 되므로 자국 통화가 이러한 여건을 갖추지 못하면 부득이 상대방 통화나 또는 제 3국의 통화를 지급 수단으로 사용해야 합니다.

(4) 지.통. 지급 통화

문제 1 가격을 표시하는 데는 몇 가지 방법이 있습니까?

　답 ① 자국의 통화로 표시
　　② 상대국의 통화로 표시
　　③ 제 3국의 통회로 표시

문제 2 외국 화폐로 거래하면 어떤 부담이 생깁니까?

　답 물론 환시세의 부담이 있습니다.

문제 3 가격 표시에 대한 선택 결정은 누가 언제 합니까?

　답 매매 당사자간 계약시에 결정이 됩니다.

(5) 수.단. 수량 단위

문제 1 무역 거래에서 상품의 수양의 단위는 어떤 것이 있습니까?

답 무게, 부피, 개수, 길이, 벌, 포장 단위 등이 있습니다. 포장 단위로 거래할 때는 계약서에 안에 들어 있는 수량을 명시해야 합니다.

문제 2 무게 표시 단위는 어떤 것이 있습니까?

답 ton, lb, kg 등이 있습니다.

문제 3 ton의 종류에는 어떤 것이 있습니까?

답 중량 ton과 용적 ton이 있습니다.
중량톤은 W/T 즉, weight ton으로 2.240파운드를 1ton으로 하는 영국 ton으로 gross ton 또는 long ton이라고도 합니다. 2,000파운드를 1ton으로 하는 미국 ton이 있는데 net ton 또는 short ton이라고 하며, 1,000kg을 1ton으로 하는 킬로 ton(M/t 즉 Metric ton)이 있습니다.
용적 ton은 measurement ton으로 부피를 나타내는 ton으로 ㎥, 즉 입방 meter 또는 cft 즉, 입방 feet가 있습니다.

(6) 수.결.시. 수량 결정의 시기

문제 1 수량을 결정하는 시기는 몇 가지가 있습니까?

   답 선적한 때를 시점으로 하는 것과 양륙한 때를 시점으로 하는 두 가지가 있습니다.

문제 2 선적 수량과 양륙 수량이 다르기 때문입니까?

   답 네, 그렇습니다. 곡물을 포함한 농산물 고철 그리고 광석 등은 운송 도중 또는 하역 작업 도중에 유실되는 것이 있으므로 선적 수량과 양륙 수량이 다르게 나타나기 쉽기 때문에 수량 결정의 시기를 선적한 때로 할 것인가, 양륙한 때로 할 것인가를 분명히 결정해 두어야 합니다.

문제 3 공인된 검량 기관이 있습니까?

   답 네, 있습니다. 수량의 공인 검량 기관과 계량 방법 등 협정을 해두어야 하며 이 기관에서는 발행하는 검량 증명서에 따라주면 됩니다.

문제 4 선적 수량 조건과 양륙 수량 조건은 어떤 가격 조건일 때 구분됩니까?

   답 보통 C.I.F가격 조건일 때 선적 수량 조건이 적용되고,

Ex-ship가격 조건일 때에는 양륙 수량 조건으로 합니다.

문제 5 C.I.F 가격 조건인 경우 양륙 수량 조건으로 할 수 없습니까?

답 C.I.F인 경우도 서로 특약이 있을 때는 가능할 수 있습니다.

(7) 수.과. 수량의 과부족

문제 1 과부족에 관한 약정이 없을 때와 약정이 있을 때 어떻게 다릅니까?

답 과부족에 관한 약정이 없는 경우 신용장 통일 규칙에 의하면 신용장에 포장 단위 또는 품명의 명칭에 따라 수량이 명시된 경우를 제외하고 신용장에 금지 규정이 없는 한 3%까지의 과부족은 용인이 되는 것으로 되어 있습니다.

문제 2 과부족에 관한 약정이 있을 때는 어떻습니까?

답 과부족에 과한 약정이 있는 경우에는 상품의 종류 또는 관습에 의하여 5% 정도의 과부족을 인정하며, 계약도 완전 이행된 것으로 칩니다. 신용장 통일 규칙에서도 이 경우 10% 이내의 차이를 허용하고 있습니다.

문제 3 수량 과부족의 용인을 정확하게 하기 위하여 용인양의 한도와 과부족 결정권자를 명시해야 겠군요.

답 그렇습니다. 이 조항을 과부족 용인조항(More or Less Terms)이라고 합니다.

문제 4 과부족이 있는 경우 처리 방법에 관하여 협정할 필요가 있습니까?

답 네, 그렇습니다. 변상 금액 결정에 있어서도 어떤 가격을 기준으로 할 것인가를 결정해 두어야 하는데 보통 계약 가격, 선적시의 가격, 도착시의 가격 등이 있으며 특히 명시되지 않은 경우는 계약 가격에 준합니다.

(8) 선.기.지. 선적 기일의 지정

문제 1 화물이 도착항에 도착하는 날을 특정하는 것입니까?

답 네, 그렇습니다. 그러나 도착일자를 특정하는 것은 위험 등 난관이 있으므로 도착항에 도착하는 시기를 약정하지 않고 매도인이 선적하는 시기를 약정하는 것이 통례입니다.

문제 2 할적 계약이란 무엇입니까?

답 분할 선적의 경우 부분 선적을 Part Shipment or Partial Shipment 라고 하고 이러한 계약을 말합니다.

문제 3 선적 기일에 관하여 매도인이 특히 유의할 점은 무엇입니까?

답 신용장의 도착기일을 한정하는 경우가 있는데 이러한 약정이 있는데도 이를 잊게 되면 설사 신용장이 늦게 도착하여 선적 기일에 선적하지 못하였다 해도 선적의 지체 (Delay Shipment)에 대하여 claim을 걸어오기 쉽습니다.

문제 4 신용장의 도착기일 명시 경우에 어떤 문장이 쓰입니까?

답 ① Shipment within one month after Seller's Receipt of L/C (매도인이 신용장 접수 이후 한 달 이내에 선적)

② Shipment during January, February subject to Seller's receipt of L/C by January 10. (1월 10일까지 매도인이 신용장 접수 조건으로 1월 1일부터 2월 말일까지 선적완료)

문제 5 대금 결재가 신용장에 준하는 경우 어떤 내용을 명시해 둘 필요가 있습니까?

답 그 신용장의 도착 기일을 한정하여야 하며, 만일 그 기간 내에 도착하지 않으면 매도인은 계약을 취소하고 매수인의 위험부담으로 화물을 처분할 권리가 있다는 내용을 명시해 둘 필요가 있습니다.

(9) 선.약. 선적에 관한 약관

문제 1 선적에 관한 약관이란 무엇입니까?

답 무역 계약에 있어서는 수출업자 측이 화물을 선적하여 할 시기 또는 수입업자에게 화물을 인도하여야 할 시기에 관하여 규정하게 되는데 이를 의미합니다. 선적에 관한 한 ① 일반 조건과 ② 특수 조건이 있습니다.

문제 2 일반 조건이란 무엇입니까?

답 만일 선적 조건이 정해져 있지 않으면 선적 시기를 지정하는데 쓰이는 용어의 해석이 애매하여 수·출입업자 간에 분쟁으로 계약의 파기에까지 갈 중대한 문제로 볼 때에는 소송을 제기하거나 상사 중재 기관에 회부하게 됩니다.

문제 3 선적 시기를 지정하는데 쓰이는 용어는 어떤 것이 있습니까?

답 ① Prompt Shipment ② Ready Shipment ③ Immediately Shipment ④ As soon as possible 등이 있습니다.

문제 4 무역 당사자간에 반론 제기나 반박으로 대립되기가 쉽겠군요.

답 네, 그렇습니다. 이는 무역 거래 관계를 위태롭게 할 우려가 있기 때문에 처음부터 명백히 집고 넘어가야 합니다.

문제 5 특수 조건이란 무엇입니까?

답 몇 일 이내, 몇 주 후에 등 화물을 조속히 선적해야 할 것이 요청될 때에는 그렇게 선적하도록 고정시키는 약관을 두고 있지만 특수 조건으로 취급됩니다. 특수 약관은 특정 월 이내에 선적하도록 하는 것으로 이와 같이 특정 월이 지정되면 수·출입업자 간의 오해는 줄어들게 됩니다.

문제 6 수출업자가 몇 일 이내, 몇 주 후 등 희미한 제한적인 약관을 맺지 않으려고 하겠군요.

답 그렇습니다. 이에 수입업자 측은 이 희미한 약관보다는 좀더 긴 특정기간을 두려고 합니다.

문제 7 가령 예를 들어 1월 중 선적이라고 하면 사실상 1월 중에 출항을 해야한다는 뜻인가요?

답 1월 중 선적이란 1월말까지는 화물을 선박에 선적하고 그 증거로 선하증권을 발급 받는 것을 의미합니다.

문제 8 On Board(B/L)이란 무엇입니까?

답 선박 회사가 발행하는 영수증에 화물을 인수하였다는 것
만을 기재하고 언제까지 선적하여야 한다는 것을 명시하
지 않는 경우가 있습니다. 이러한 경우에는 계약을 체결
할 때 On Board(B/L)을 요청하여야 합니다.

(10) 대.방.화.환. 대금결재방법과 화물 환어음

문제 1 대금 결재 방법에는 크게 몇 가지가 있습니까?

답 크게 다섯 가지가 있습니다.
① 주문 지급 ② 일부 주문 지급 ③ 순차 지급
④ 선적 지급 ⑤ 화환 어음에 의한 지급

문제 2 주문 지급이란 무엇입니까?

답 주문과 동시에 대금을 지불하는 것입니다. 선금 지급 방식이라고 하는데 외상거래 즉, 화물인도후 일정기간이 지난 뒤에 지급하는 방법은 국제 거래에서 잘 이용되지 않고 있습니다.

문제 3 순차 지급이란 무엇입니까?

답 대금을 주문할 때 1/3, 선적할 때 1/3, 상품도착 후에 1/3 식의 지급 방법입니다.

문제 4 선적 지급이란 무엇입니까?

답 선적 완료 시점에 선적 서류와 상환하여 선적지에서 현금으로 지급하는 방법입니다.

문제 5 선적 지급에 있어서 선적지의 은행에서 지불하는 경우는 없습니까?

답 있습니다. 영수증 지급 신용장에 의하여 선적지의 은행에서 지급하는 경우가 있습니다.

문제 6 화환어음에 의한 지급이란 무엇입니까?

답 국제 무역 거래에서 가장 널리 이용되는 대금 결제 방법입니다. 수출자는 수입자 또는 그 대리인(은행) 앞으로 환결제 은행을 수취인으로 한 환어음을 발행하고 여기에 수출 상품을 화체한 선하증권, 보험증권, 송품장 등을 첨부하여 외환은행에 인도하고 그 대금을 융자형식으로 지급 받게 됩니다. 이것을 화환 어음이라고 합니다.

문제 7 지급인의 어음을 취득한 은행은 그 어음 지급인의 신용 상태를 모를텐데 어떻게 합니까?

답 은행으로서는 그 어음을 매수하지 않고 현실로 지불될 때까지 어음금을 유보하는 어음(Bill for Collective : B/C)으로 처리합니다. 그리고 수입자로부터 이환 어음의 지급을 보증할 것을 내용으로 하는 은행 발행의 보증서인 신용장을 제출토록 합니다. 이 보증 증서의 발행은행을 개설은행이라고 합니다. 신용장이 붙은 어음의 대금은 반드시 지급되며 은행은 즉시 어음을 지급해 줌으로 수출자 측은 안심하고 선적할 수 있습니다. 따라서 일반적으로 수출자는 신용장에 의한 거래를 하기를 원합니다.

(11) 환.어.기. 화환어음의 기간

문제 1 환어음에는 몇 가지가 있고 어떤 내용을 알아야 합니까?

답 그 어음의 지급인에게 제시된 때에 지급하여야 하는 일람출급 어음(Sight Bill)과 제시 후 30일이라든가 90일이라든가 하는 일정 기간 내에 지급하여야 하는 기한부 어음(Usance Bill)의 두 가지가 있습니다.

문제 2 이것은 언제 정해집니까?

답 매매 당사자의 계약에 의하여 결정됩니다.

문제 3 재무부장관의 허가를 받아야 할 경우는 어떤 경우입니까?

답 외국환 관리법에 의하여 일정한 기준이 정해져 있는데 그 정해진 이외의 방법에 의하여 결제하고자 할 때에는 재무부 장관의 허가를 받아야 합니다.

(12) 선.서.인.조. 선적 서류 인도 조건

문제 1 일람출급 어음은 어음의 지시에 대하여 즉시 지급되고 지급과 동시에 선적서류가 인도되나요?

답 네, 그렇습니다. 기한부어음의 경우에는 ① 어음이 인도된 때에 인도되는 것(D/A)과 ② 어음이 지급된 때에 인도되는 것(D/P)의 두 가지가 있습니다. D/A로 하든 D/P로 하든 당사자 간의 협정에 의해 결정됩니다.

(13) 불.가.조. 불가항력에 관한 조건

문제 1 Contingency Clause란 무엇입니까?

답 불가항력의 사고에 의하여 수출업자가 계약 기일 내에 선적을 하지 못하는 경우가 있습니다. 수출업자의 처리 범위를 넘는 사고에 의하여 계약을 이행할 수 없을 때에 수출업자가 책임을 지지 않는다는 계약서 상에 약관을 의미합니다.

문제 2 계약을 체결할 때 수출업자가 합리적인 불가항력 계약의 초안을 작성합니까?

답 네, 그렇습니다. 이 초안을 만들어 수입업자에게 제시하고 수입업자의 수락을 받습니다.

문제 3 불가항력 약관의 내용은 어떤 사항이 규정되고 있습니다.

답 수출업자의 필요에 따라 각양각색이지만 몇 가지 일반적인 사항이 규정되어 있습니다.
① 계약이 이행되지 않았거나 지연된 사유
② 사고 발생시에 계약이 파기되느냐, 계약 이행을 단순히 연장하느냐?
③ 계약 이행이 연장되는 경우, 어느 쪽이 계약의 파기 권한을 가지느냐?

문제 4 국제무역 상사에 있어서 어떤 계약서에는 불가항력의 범위를 일일이 규정하고 있는데 어떤 범위입니까?

답 ① 천재지변(natural disaster = calamity)
② 공장, 기계의 화재(conflagration) · 폭발(explosion)
③ 전쟁(war), 전투 · 싸움 · 교전 · 투쟁(battle)
④ 교통 두절(traffic stoppage)
⑤ 선박의 출항 금지(embargo)
⑥ 파업 · 태업(walkout · strike)
⑦ 기타 노동자의 분규(labor dispute)
⑧ 수송 수단의 부족(lack of means of transportation)
⑨ 원료의 부족(lack of raw materials)
⑩ 시민 소요(citizen's disturbance)
⑪ 정부 통제 · 간섭(Government interference, control of the Government authorities)

(14) 해.보.조. 해상 보험에 관한 조건

문제 1 화물 운송 도중 사고로 인하여 손해를 입었을 때 보험회사로부터 보상을 받는데 어느 쪽이 보험을 겁니까?

답 매도인 측인가, 매수인 측인가는 당사자 매매조건에 따라 결정됩니다.

문제 2 F. O. B계약에서는 어느 쪽이 보험을 겁니까?

🈐 매수인이 보험을 걸어야 하는데 이 계약에서도 선적될 때까지의 위험에 대하여는 매도인이 보험을 걸어야 합니다.

문제 3 C.I.F 가격 계약에서는 어느 쪽이 보험에 겁니까?

🈐 매도인이 보험을 걸어야 합니다. 만일 C.I.F 가격 조건의 경우 수출자가 해상 보험을 붙이고 보험료를 지불할 의무가 있는 경우에는 보험에 관한 조건을 협정해야 합니다.

문제 4 보험 조건과 거래 가격은 어떤 관계가 있습니까?

🈐 보험 조건에 따라 보험료율도 다르고 따라서 거래 가격에 영향을 주게 됩니다.

문제 5 보험 회사가 담보하는 손해 배상 범위는 몇 종이 있습니까?

🈐 전손·분손 부담보·분손 담보의 기본 형태와 W.A(분손 담보)의 확대 형태로서의 전위험 담보의 4종이 있습니다.

CHAPTER 4

DIALOGUE

대　　화

AT THE AIRPORT

A : Excuse me, but are you Mr. Brown of Mr. Smith & company?

B : Yes, I am.

A : Kim Jin-ho is my name. (Please) allow me to give you my card.
We heard from your head office that you were coming to Korea.
So we're here to pick you up.

B : Thank you for coming to meet us, Mr. Kim.

A : You're more than welcome, Mr. Brown.
We've reserved a room for you at the Hilton Hotel. Shall I take you to the hotel now?

B : Yes, please, Mr. Kim.

A : Please wait here for a moment.
There's a car waiting for us.
I'll get the car.

B : Thank you.

대화 1　공항에서

A : 실례합니다만, Mr. Smith & Company에서 오신 브라운씨
인가요?

B : 네, 그렇습니다.

A : 김 진 호라고 합니다. 제 명함입니다.
귀하가 한국에 오신다는 말을 귀하의 본사로부터 들어서
알고 있습니다.
그래서 모시러 왔습니다.

B : 미스터 김, 마중 나오셔서 감사합니다.

A : 원 별 말씀을요.
힐튼호텔에 방을 예약해 두었습니다.
지금 호텔로 모실까요?

B : 그래주시겠어요. 미스터 김.

A : 여기서 잠깐 기다리십시오.
차를 대기시켜 놓았습니다.
제가 가서 가져오겠습니다.

B : 감사합니다.

allow〔əláu〕: vt. 허락하다, ~을 허가하다, ~을 시키다, 묵인하다(permit),
정기적으로 ~을 지급하다, 주다

card〔kaərd〕: a. 명함, 정식으로는.《미》calling card《영》엽서, 초대장, 안
내장, 판지

hear from: 통신을 받다, 정보를 얻다, ~에게서 벌이나 비난을 받다

head office〔héd ɔ́:fis〕: n. 본점, 본사, 본부 branch office 지점

pick up: 차로 사람을 마중 나가다, 도중에서 태우다, 잃어버린 길로 다시
나오다, 포착하다, 우연히 손에 넣다

meet〔mi:t〕: vt. 마중 나가다, 면회하다, 회합하다, 합치다, 교차하다, 접촉
하다, 직면하다, 대항하다

more than: ~하고도 남음이 있다, ~ 이상으로, ~보다 많은, ~뿐만 아니
라. meet 아는 사이가 되다, 충족시키다

reserve〔risə́rv〕: vt. 좌석, 방 등을 예약해 두다, 지정하다, 확보해두다, 훗
날을 위해 남겨두다

take A to B: A를 B로 모시고 가다, 데리고 가다

get the car: 가서 차를 몰고 오다, 가져오다

hear〔hiər〕: vi. 소식을 듣다, ~의 일·이야기·소문을 듣다, 정보를 얻다,
통신을 받다(about, from, of)

Excuse me but~: 실례합니다만

(You are) welcome: 참 잘 오셨습니다, 천만에요. more than welcome 원
천만에요

(please) allow me to~: ~하겠습니다 Allow me to introduce to you Mr.
X. ~씨를 소개하겠습니다

we heard from~: 폐사는 통신문을 받았다, 들어서 알고 있다
　　　　I understand that ~을 들어서 알고 있습니다

I have my car parked outside: 나는 바깥에 차를 세워 놓았다

we're here to~: 우리는 ~하려고 왔다, ~와 있습니다

You're more than welcome: 원 천만의 말씀

we've reserved: 우리는 방을 예약해 두었다

for a moment: 잠시동안 moment〔móumənt〕: n. 순간

a moment: 잠시 of moment 중요성 the moment 지금 현재, ~하자마자

FROM THE AIRPORT TO THE HOTEL

A : Please get in the back, Mr. Brown. Let me get in the front.

B : Thank you.

A : We'll get to the hotel in an hour and a half or so.

B : It's a long way from here, isn't it?

A : It is sure. It'll take about an hour or so when the traffic isn't heavy.

B : I understand every third man has a car in Korea.

A : That's right, Mr. Brown. There are just too many cars in a small area of land.

B : What's that golden building over there on the left?

A : It's a sixty-three story building and the highest sightseeing building in Korea. If you'd like to see it I'd be glad to take you there.

B : Thank you, Mr. Kim.

대화 2　공항에서 호텔까지

A : 브라운씨 뒤에 타시죠. 저는 앞에 타겠습니다.

B : 감사합니다.

A : 한 시간 반정도 있으면 호텔에 도착합니다.

B : 여기에서부터 먼 길이군요.

A : 정말 그렇습니다. 교통이 혼잡하지 않을 때는 한 시간 정도 걸립니다.

B : 한국에서는 세 사람에 한 사람 꼴로 차를 가지고 있다고 들어서 알고 있습니다.

A : 맞습니다, 브라운씨. 좁은 땅에 차가 너무 많은 편입니다.

B : 저기 왼쪽에 금빛 건물은 무엇입니까?

A : 63빌딩이라는 건물입니다, 한국에서 가장 높은 관광 건물 이죠. 구경하시고 싶으시면 기꺼이 모시고 가겠습니다.

B : 감사합니다.

get in the back : 뒷좌석에 타다

get in : 안으로 들어가다, 비·빛 등이 새어들다, 차에 타다, 거두어들이다,
      기차·비행기 등이 도착하다, 집·회사에 도착하다, 당선하다

get to : ~에 도착하다(arrive at), 일에 착수하다, 식사 등을 하기 시작하다

in an hour and a half : 한시간 반

or so : [수량·기간의 표현 뒤에서] ~내외, ~정도, ~쯤

long way : 먼길. (by) a long way 훨씬, by the way 도중에, 말이 난 김
      에, 그런데

sure〔ʃuər〕: [의뢰·질문의 대답에 써서] 좋고 말고, 확실한, 틀림없는

take an hour or so : 한 시간쯤 시간이 걸리다

traffic〔trǽfik〕: n. 교통, 왕래, 통행, 교통량, 수송량 control(regulate)
      traffic 교통을 정리하다

heavy〔hévi〕: a. 교통량이 많은, 무거운, 대량의, 힘겨운, 견디기 힘든, 소
      화가 잘 안 되는, 기름기가 많은

understand〔ʌndərstǽnd〕: vt. vi. 들어서 알고 있다, 이해하다, 추측하다

every third man : 세 명에 한 사람 꼴

every〔évri〕: a. ~마다, 매 ~, 모두가 ~인 것은 아니다

That's right : 그래, 맞았어. 그렇소, 그만하면 됐어

That's what it is! 바로 그렇다

just too many cars : 너무너무 많은 차들

in a small area of land : 좁은 땅에

golden〔góuldən〕: a. 황금빛의, 누런빛의, 절호의

over there on the left : 저기 왼쪽에

story〔stɔ́ːri〕: n. 건물의 층 a house of one story 단층집

the highest sightseeing building : 가장 높은 관광 건물

If you'd like to~ : 만일 ~하시고 싶으시면, 만일 ~하기 바라신다면

I'd be glad to~ : 기꺼이 ~해 드리겠습니다

we'll get to~ : 우리는 ~에 도착할 것입니다

It'll take about~ : 약 ~가 걸릴 것이다(It은 시간을 나타내는 비인칭 주어)

I understand : 나는 들어서 알고 있다

AT THE HOTEL

A : (At the Reservations) Let me help you with the formalities, Mr. Brown.

B : Thank you, Mr. Kim.

A : It seems that our request for better prices has made your visit necessary.

B : Well, that's one reason. To see the sights of Seoul is another.

A : You'd like to unpack and freshen up I suppose, Mr. Brown.

B : Yes, I'd like to.

A : What time can I pick you up tomorrow morning, Mr. Brown?

B : You can pick me up at 9:30, Mr. Kim.

A : Very good, sir.

A : (예약실에서) 제가 숙박 수속을 도와드리죠, 브라운씨.

B : 감사합니다, 미스터 김.

A : 값을 좀 잘해 달라고 요청을 드렸더니 귀하께서 방문하시게 된 것 같습니다.

B : 글쎄요, 그것도 한 이유이고요. 서울 관광하는게 두 번째 이유입니다.

A : 짐을 푸시고 쉬시면서 기분 전환을 하셔야겠지요.

B : 네, 그러고 싶습니다.

A : 내일 아침 몇 시에 모시러 올까요, 브라운씨.

B : 9시 30분에 태우러 오십시오.

A : 잘 알겠습니다, 선생님.

reservations [rèzərvéiʃənz] : n. 방 등의 예약, 지정, 승차권·입장권 등의 예약, 예약실(석)

Let me~ : 제가 ~하지요. let off 쏘다, 발하다, Please let me by 미안하지만 좀 지나갑시다, let me(us) see 그런데, 뭐랄까

help~ with~ = help a person with : ~으로 남을 돕다, help my mother with washup 엄마가 빨래하는 것을 돕다

formalities [fɔərmǽləti] : n. pl. 정규의 절차 the legal formalities 법률상의 정식절차, go through due formalities 정식 수속을 밟다

It seems that : 주어 동사 ~인 것 같다

our request for better prices : 값을 잘해 달라고 하는 우리의 요청

has mad your visit necessary : 귀하의 방문이 필연인 것으로 만들었다고 생각한다

necessary [nésəsèri] : a. 필요한, 없어서는 안될, 필연의

make + 목적어 + 보어 : 생각하다, 여기다, 측정하다, 마음에 품다, 계산하다

well : 글쎄, 이런! 저런! 어머! 뭐라고! 저어, 그런데

one reason : 한 가지 이유

another [ənʌ́ðər] : pron. 또 하나의 것, 또 한 사람, 다른 하나(사람)의

you'd like to : 당신은 ~하고 싶다. ~할 필요가 있다. ~하지 않으면 안되다

unpack and freshen up : 짐을 풀고 쉬면서 새로운 기분을 만들다

unpack [ʌnpǽk] : vt. 꾸러미나 짐 등을 풀다, 안에 든 것을 꺼내다

freshen up [fréʃən ʌp] : vi. 신선하게 하다, 새로이 힘(세력)을 더하다

in[according to] the mood of the moment : 그때의 기분에 따라서

on the spur of the moment : 일시적인 기분으로

in a quiet mood : 차분한 기분으로

I'd like to~ = I would like to~ : 나는 ~하기 바랍니다

What time can I~ : 내가 몇 시에 ~하면 좋습니까?

Let me help you with~ : 제가 ~를 도와 드리겠습니다

let it go at that : 그 이상 문제삼지 않기로 하다, 그쯤으로 해두다

necessary [nésəsèri] : a. 필요한, 없어서는 안될, 필연의

in vexation of spirit(mind) : 속상하여, 마음이 아파서

in a sulky(gloomy)mood : 불쾌한(우울한) 기분으로

one way or another : 어떻게 해서든지, 이러저러하다

taking(taken) one with another : 이것저것 생각해보면

such another : 그와 같은 사람[물건], 같은 종류로 딴 것

The very idea! : [놀람을 나타내어] 《구》그런 일은 생각만 해도 오싹하다

to my vexation : 분하게도

You can : [가벼운 명령] ~하여라, ~하는 것이 좋다, ~하지 않으면 안되다, [허가] ~하여도 좋다, 《구》에서는 may 보다 일반적인 말로 쓰임

very good, sir : 선생님, 알았습니다

see the sights of Seoul : 서울 관광을 하다 = take in the sights of Seoul

all very well(fine) : 《구》(보통 but이 뒤에 와서) 대단히 좋지만, ~하는 것은 상관없지만, 썩 좋은 일이지만

DIALOG 4 FROM THE HOTEL TO THE HEAD OFFICE (1)

A : You're looking very good, Mr. Brown.

B : Thank you. I had a good night.

A : Let me take you to our office, Mr. Brown.
You can wait here I'll get the car, Mr. Brown.

B : Thank you, Mr. Kim.

A : Here we are at our office. Come this way, please.
This is the office where I work.
Please be seated and make yourself at home,
Mr. Brown.

B : Thank you, Mr. Kim.
Well, to get down to business · Your request for
better prices has made my visit necessary.
Therefore I hope I can help you.

A : Thank you, Mr. Brown.

호텔에서 본사까지 (1)

A : 브라운씨, 대단히 기분 좋게 보입니다.

B : 감사합니다, 간밤에 잠을 잘 잤습니다.

A : 저희 회사로 모시겠습니다.
여기서 기다리시면 차를 가져오겠습니다, 브라운씨.

B : 감사합니다, 미스터 김.

A : 저희 회사에 다 왔습니다. 이쪽으로 오십시오.
여기가 제가 근무하는 사무실입니다.
편안히 앉으십시오, 브라운씨.

B : 감사합니다, 미스터 김.
그런데 업무 이야기인데 값을 좀 잘 해달라고 요청하셔서
제가 오게 되었습니다.
그러므로 제가 귀사를 도울 수 있길 바랍니다.

A : 감사합니다, 브라운씨.

look very good : 대단히 기분 좋게 보이다 ; look ~하게 보이다
have a good night : 잘 자다. have a bad night 잘 못 자다
Let me take you to~ : 당신을 ~에 모시고 가겠습니다
You can : 너는 ~하여도 좋다, 《구》에서는 may보다 더 일반적으로 쓰임,
　　　 ~하여라, ~하는 것이 좋다, ~하지 않으면 안되다
get the car : 가서 차를 가져오다
Here we are at + 장소 : ~에 다 왔다
Come this way, please : 이쪽으로 오십시오
where I work : 내가 일하는, 내가 근무하는(where는 선행사가 장소인 관계
　　　 부사임)
the office where I work : 내가 근무하는 사무실
be seated : 앉다, 앉아 있다 ; seat oneself 어떤 곳에 정착하다, 안주하다
please keep your seats! : 그냥 앉아 계세요, 일어서지 마세요
seat-mate [síːtmèit] : n. 탈 것 등의 옆에 앉은 사람
make yourself at home : 편안히 앉다
to get down to business : 업무[장사] 이야기인데
get down to business : 일에 착수하다
your request for better prices : 값을 잘 해달라고 하는 귀사의 요청
your(my, our) request for : ~에 대한 귀하[나의, 우리의]의 요청
therefore [ðɛ̀ərfɔ́ər] : ad. 그러므로, 그것[이것]에 의하여, 그 결과
therethrough [ðɛ̀ərərθrúː] : ad. 그것을 통해서, 그 결과, 그 때문에
get [get] : vt. 손에 넣다, 잡다, 피해를 받다, 주다, ~을 알다, ~하게 하다,
　　　 ~시키다, ~을 되게 하다, 상태에 이르게 하다
get between : 사이에 들어 중재하다, 사이에 들어 방해하다 ; get nowhere
　　　 성공하지 못하다, 효과가 없다, ~잘 안되다, get by 통과하다
take [teik] : vt. 잡다, 얻다, 선택하다, 가지고가다, 데리고 가다, 사용하다,
　　　 이용하다, 필요로 하다, 떠맡다, 받아들이다, 먹다, 마시다, 사진을
　　　 찍다, 조사하다, ~하다, ~이라고 여기다 ; take a person round
　　　 ~을 언제나 데리고 다니다, take a person in one's arms ~을
　　　 두 팔로 껴안다, take a person in the act ~을 현행법으로 잡다
business [bíznis] : n. 사무, 업무, 직업, 기업, 사업, 직무, 볼일, 용건

CIF FIGURES [PRICE NEGOTIATION]

B : I think our C.I.F. figures are cut to the limit. What makes you think that we can reduce our figures, Mr. Kim?

A : That's the point, Mr. Brown. I don't think the prices are working for us.

B : We're giving you quotation on the same basis that we quote in the home market.

A : That's the point. I look at it this way, Mr. Brown. Your overhead is in your domestic price. It has to be but here in Korea, this market won't carry the same overhead in your C.I.F. prices to us.

B : I see. I'll look into it. We could probably work up something for you.

C I F 가격[가격교섭]

B : 제 생각엔 저희들의 C. I. F. 가격은 충분히 감해졌다고 봅니다.
왜 저희들이 그 가격을 내릴 수 있다고 생각합니까?

A : 그것이 문제입니다, 브라운씨.
가격이 저희한테 맞지 않습니다.

B : 저희들은 국내 시장의 시세와 같은 근거의 가격으로 드리고 있습니다.

A : 그 점이 문제입니다. 저는 이렇게 봅니다, 브라운씨.
그 국내 가격에는 일반(공통) 경비가 포함되어 있는데 그건 당연히 그래야지요.
그러나 이곳 한국에서는 귀측의 C. I. F. 가격에다 그와 같은 경상비를 포함하지 못합니다.

B : 알겠습니다, 검토해 보겠습니다.
아마 어떻게 해드릴 수 있으리라 봅니다.

C.I.F. figures : C.I.F. 가격

figures [fígjər] : n. a. v. 보통 수식어와 함께 값, 액, 가격을 뜻함

are cut : 삭감되다 ; cut a loss 일찍 손을 떼어 더 이상의 손해를 막다

limit [límit] : n. 한계[선], 극한, 한도, 제한

what makes you think that + 주어 + 동사 : 당신은 왜 그렇게 ~하다고 생
　　　각하십니까!

reduce [ridjúːs] : vt. 줄이다, 감소시키다, 축소하다, 삭감하다, 낮추다

That's the point : 그 점이 문제이다 ; give a person points, give points to
　　　a person ~에게 유리한 조건을 주다

I don't think the prices are working for us = I think that the prices are
　　　working against us : 값이 안 맞습니다 ; the prices are working
　　　for us 가격이 우리에게 맞다, are against us 맞지 않다

working [wə́ːrkiŋ] : a. 실제로 도움이 되는, 실용적인, 일하는

be against : ~에 도움이 안 되는, ~에 불리하다 ; against ~에 불리하여

probably [prábəbli] : ad. 아마, 십중팔구

overhead [óuvərhèd] : n. 일반 비용, 총경비. a. 총비용 포함의, 머리 위의

domestic price : 국내시장 가격

domestic [dəméstik] : a. 국내의, 자국의, 국산의, 자가제의, 길든(tame), 가
　　　정의, 가정적인

It has to be : 그것은 그래야 한다

won't carry : 감당하지 못할 것이다, 지탱하지 못할 것이다

an overhead railway : 《영》 고가철도

work up : 정리하다, 서서히 애써 나아가다, 노력하여 얻다

look into : ~을 조사하다, ~을 들여다보다, 연구하다 ; look it 그렇게 보이다

an overhead walkway : 보도 육교

overhead charges[expense] : 총경비, 일반[공통] 비용

we're giving you quotation : 우리는 귀측에 ~가격으로 드리고 있다

clear the way for : ~에 길을 트다, ~을 용이하게 하다

get one's (own) way : 바라던 것을 얻다, 마음대로 하다

get under way : 항해 중이다, 시작하다, 진행중이다

DESCRIBING PRODUCTS (1)

A : Time really flies, Mr. Brown.
It seems only yesterday that you came here last but one year has passed already.

B : It sure does, Mr. Kim.
It doesn't seem a year since I came here last.

A : You're right. It doesn't.
Well, to get down to business, are you using mobile phone, Mr. Brown?

B : Yes, I am.

A : Have you ever heard about Wave Buster?

B : No, I haven't. The word isn't given even in the dictionary.

A : This is what they call Wave Buster, Mr. Brown.
We have taken out patents for them from Japan and the U.S.A.

B : I have a general knowledge of it but what is it exactly.

A : 시간이 정말 빠르군요[세월이 정말 유수같다].
지난번 오셨던 것이 꼭 어제 같은데 벌써 일년이 지났습
니다.

B : 정말 그렇군요.
제가 지난번 왔던 이후로 일년이 지나갔다고는 생각되지
않습니다.

A : 그렇습니다. 그렇게 생각되지 않는군요.
그런데, 업무 이야기인데, 이동 전화를 사용하고 계십니
까?

B : 네, 그렇습니다.

A : 웨이브 버스터란 말을 들어보셨습니까?

B : 아니오, 못 들어 봤습니다. 그 단어는 사전에도 안나와 있
던데요.

A : 이것이 이른바 웨이브 버스터라는 것입니다.
미국과 일본의 특허를 가지고 있습니다.

B : 대충은 알고 있는데 정확히는 모릅니다.

really〔ríːəli〕: ad. 정말로, 참으로, 확실히, (감탄사로) 그래? Really? 정말
    이야 Really! 과연! Not really! 설마 Well really! 원! 저런!
fly〔flai〕: vi. 돈, 시간 등이 날아가듯 없어지다, 새가 날다, 비행기로 날다,
    총알 등이 날아가다, 나는 듯이 지나가다
It seems only~ that + 주어 + 동사 : ~인 것처럼 생각되다, 보기에 꼭 ~하다
has passed : 지나갔다 ; pass 때가 지나가다, 경과하다
It sure does : 정말 그렇다《미》구어에서는 sure가 부사로 쓰여 확실
    히를 나타냄 ; Korean is difficult. It sure is. 어려워. 확실히
    그래
It doesn't seem~ since + 주어 + 동사 : ~가 ~한 이래, (시간·세월) ~것
    같지 않다
You're right. Right you are! :《구》옳은 말씀이요, 당신 말씀대로요, (제
    의·명령의 대답으로) 알았습니다
well〔wél〕: int. (놀람·의심을 나타내어) 이런! 저런! 어머! 뭐라고! 글
    쎄! ; (안심·체념·양보를 나타내어) 아이고, 후유~, 에라, 과
    연 글쎄
to get down to business : 장사 이야기인데
mobile phone〔móubəl foun〕: n. 이동 전화, 자동차 전화
have you ever heard? : 들어본 적이 있습니까?
Wave Buster : 전자파 파괴기
isn't given : 책에 수록되어 있지(나와있지, 실려있지) 않다
is given : 나와 있다 ; give 지식·보도·명령 등을 주다, 책이 ~을 싣다,
    수록하다, isn't given 책에 실려 있지 않다
even in the dictionary : 사전에 조차
what they call = what we(you) call = what is called : 소위, 이른바
we have taken out patent : ~의 특허를 취득해 놓았다
take out a patent for[on] an invention : 발명품의 특허를 취득하다,
    for[on] 다음에 발명한 물품
apply[ask] for a patent : 특허를 출원하다
I have a general knowledge of it : 그것에 대해 대충 알고 있다 ; knowl-
    edge 숙지, 지식, 학식, 견문, 경험 인식, general 대체적인
at work : 일하고, 집무 중에, 현역으로, 일하러 나가, 직장에, 운전 중에, 영
    향이 작용하여

exactly 〔igzǽktli〕: ad. 정확하게, 엄밀하게(precisely), 꼭, 바로, 그대로, 틀림없이(yes의 대용으로 바로 그렇습니다, 그렇소)

time 〔taim〕: n. 시간, 때, 세월, 기간, 시각

get down to : ~까지 파고들다, ~에 내리다, 일 등에 진지하게 착수하다 ; get down to business 일에 착수하다

give the business : 되게 혼내주다, 죽이다 ; get the business 되게 혼나다, 죽임을 당하다

DESCRIBING PRODUCTS (2)

A : Haven't you ever talked to yourself about how long you're exposed by electromagnetic wave, Mr. Brown?

B : Oh, I see. I know what you're trying to say.
I understand that recently there has been speculation that the use of portable cellular phones may stimulate the growth of human brain tumor.

A : You said it, Mr. Brown(You can say that again).
Our sophisticated products "Wave Buster" can protect you from harmful environmental electromagnetic wave, Mr. Brown.

B : I can imagine, Mr. Kim.

상 품 설 명 (2)

A : 귀하는 얼마나 오래 전자파에 노출되어 있는지에 관하여
자문해 보신 적이 있습니까?

B : 아, 알겠습니다. 무슨 말씀을 하려고 하시는지 알 것 같습
니다.
나는 최근에 이동 전화의 사용이 인간의 뇌종양의 증식을 활
기 있게 한다는 공론이 있어 왔음을 들어서 알고 있습니다.

A : 말씀 잘 하셨습니다.
우리의 정교한 제품 웨이브 부스터는 유해한 주위의 전자
파로부터 귀하를 보호해 드릴 수 있습니다.

B : 알만합니다.

haven't you ever + 과거분사 : ~해본 적이 있습니까?

talk to oneself : 혼잣말을 하다, 자문자답을 하다

how long you're exposed by : ~에 얼마나 드러내 놓고 있는지, 노출되어 있는지

expose [ikspóuz] : vt. 햇볕 · 바람 등에 쐬다, 드러내다, 맞히다, 공격 · 위험 초소 등에 몸을 드러내다

imagine [imǽdʒin] : vt. 상상하다, 생각하다, 미루어 생각하다, 추측하다

electromagnetic [elektroumǽgnétik] : a. 전자석의, 전자기의

wave [weiv] : n. 파 · 결 · 소리 · 빛 등의 파동, 전파, 기상 · 기압 등의 파, 변동, 파도, 물결

I see : 알겠군, 그렇군 ; I'll see 생각해보죠, see a lot of 《구》 종종 만나다, 자주 교제하다, See you 또 만나

trying [tráiŋ] : a. 견딜 수 없는, 괴로운, 쓰라린, 지치는, 화나는,

what you're trying to say : 무엇을 말하려는지

I understand : 들어서 알고 있다

recently [rí:sntli] : ad. 요즘, 요사이, 근래, 최근에 ; until quite recently 아주 최근까지

there has been speculation that + 주어 + 동사 : ~하다는 공론이 계속 있어 왔다

the use of portable cellular phone : 휴대용 이동전화의 사용

cellular [séljulər] : a. 《통신》 셀(cell) 방식의

portable [pɔ́ərtəbl] : a. n. 휴대용의, 들고 다닐 수 있는, 간편한, 휴대용 기구

may stimulate the growth of : ~의 증식을 활기 있게 할 수도 있다

stimulate : 술, 커피 등으로 ~의 기분을 북돋우어 주다, vi. 자극이 되다, 격려가 되다

human brain : 인간 두뇌

tumor [tjúmər] : n. 종양 ; benign tumor 양성종양, malignant tumour 악성 종양

stimulate [stímjulèit] : vt. 자극하다, 활기 있게 하다, 《의》 기관 등을 자극 하다, 흥분시키다(excite)

growth [grouθ] : n. 《병리》 종양, 병적 증식, 성장, 생장, 발육, 발전, 증가, 증대, 재배, 배양

may 〔mei〕 : auxil. ~일지도 모르다, ~해도 좋다, ~할지도 모른다

you said it = you've said it : 《구》맞았어, 바로 그거야

You can say that again[Exactly] : 《구》맞았어, 바로 그거야 (Exactly는 대답에 쓰임)

sophisticated 〔səfístəkèitid〕 : 매우 복잡한, 정교한, 세련된, 지나치게 기교적인

products 〔prádʌkt〕 : n. 생산품, 제품, 소산, 결과 ; protect you from harmful environmental electromagnetic wave 유해한 주위의 전자파에서 사람들을 보호하다

protect 〔prətékt〕 : vt. 보호하다, 막다, 지키다, 비호하다, [~ + 목적어 + 전치사 + 명사] ~에서 막아주다, protect A from B A를 B로부터 보호하다

environmental 〔invàiərənméntl〕 : a. 주위의, 환경의

harmful 〔háərmfəl〕 : a. 유해한(injurious) ↔harmless 〔háərmlis〕 a. 해롭지 않은, 무해한, 악의 없는, 순진한

DESCRIBING PRODUCTS (3)

B : Are there any similar products on the market?

A : Yes, there are many similar products but we proudly say Wave Buster is the only product using patent absorbing material, Mr. Brown.

B : Was it tested to the limit, Mr. Kim?

A : Yes, it was. Wave Buster is new ceramic composition that absorbs up to 70% of electromagnetic wave tested by Korea Electromagnetic Engineering Society(KEES), Mr. Brown.

대화 8	상품설명 (3)

B : 시장에 비슷한 제품이 나와 있습니까?

A : 네, 많이 나와 있지만 웨이브 버스터는 특허권을 가진 흡
수 재료를 사용하고 있는 유일한 제품이라고 자랑스럽게
말씀드립니다.

B : 충분히 실험을 했습니까?

A : 네, 그렇습니다. 웨이브 버스터는 한국 전자파 공학 협회
에 의해서 실험된 전자파의 70%까지 흡수하는 새로운 질
그릇 성질의 합성품입니다.

Are there any~ : ~에 어떤 ~이 있습니까

similar [símələr] : a. 비슷한, 유사한(to), 닮은, 같은 종류의, 상사의

on market : 시장에 ; be on(in) the market 물건이 시장에 나와 있다

we proudly say 주어 + 동사 : 우리는 ~라는 것을 자랑스럽게 말씀드립니다

patent [pǽtnt] : n. 특허, 특허권, 특허증(for). 전매특허품

patent absorbing material : 특허권을 가진 흡수 물질(재료)

absorbing [əbsɔ́ərbiŋ] : a. 흡수하는, 열중하게 하는, 흥미진진한 ; absorber
　　흡수(장치), 흡수체

ceramic composition that absorbs : ~을 흡수하는 질그릇 성질 합성

material [mətíəriəl] : n. 재료, 원료, 요소, 인재, 인물, 양복감, 자료(for)

was it tested : 검사를 거쳤는가

to the limit : 충분히, 극도로 ; out of all limits 무제한으로, 터무니없이,
　　set limits to ~을 제한하다

up to : ~까지(에), ~에 이르기까지, ~에 이르러 ; up to much 가치가 큰

which are tested by : ~에 의해 실험을 거친

The Korea Electromagnetic Engineering Society[KEES] : 한국 전자 공학
　　협회

engineering [ènʤiníəriŋ] : n. 공학, 기사 활동, 토목공사 ; a~ work 토목공사

society [səsáiəti] : n. a. 회, 모임, 협회, 학회, 조합, 단체, 연구회, 사회.

ceramic [sirǽmik] : n. 도자기, 요업제품, a. 질그릇의, 제도술의, 요업의

composition [kámpəzíʃən] : n. 힘, 파동의 합성, 구성, 조직, 조립, 구성물

certified check : 지불보증수표

absorb [əbsɔ́ərb] : vt. 충격·소리·전파 등을 없애다, 완화시키다, 흡수하다

electrical engineering : 전기공학

mechanical engineering : 기계공학

civil engineering : 토목공학

certified public accountant : 공인회계사(C.P.A)

certificate of origin : 원산지 증명서

DESCRIBING PRODUCTS (4)

A : Mr. Brown, look at these pictures.
You can judge from these pictures.
This is the picture of computer simulation with Wave Buster attached.
And this is the picture of computer simulation without Wave Buster, Mr. Brown.

B : This picture may attract some buyer, Mr. Kim.

A : You can probably get college students interested Mr. Brown.
We can give you competitive figures.

B : That's exactly what we want, Mr. Kim.

A : Please place some orders with us on your way here, Mr. Brown.

B : I'll make a list of what I'm likely to want.

A : Thank you very much, Mr. Brown.

상 품 설 명 (4)

A : 이 그림들을 보십시오.

그림으로 판단하실 수 있습니다.

이것은 웨이브 버스터가 장치된 컴퓨터 모의실험의 그림입니다.

그리고 이것은 웨이브 버스터가 장치되지 않은 컴퓨터 시뮬레이션의 그림입니다.

B : 이 그림이 일부 구매자들의 주의와 흥미를 끌 수도 있습니다.

A : 귀측은 아마 대학생들의 흥미를 갖도록 할 수 있으실 겁니다.

저희는 귀측에 경쟁할 수 있는 가격을 내 드릴 수 있습니다.

B : 그것은 바로 저희가 원하는 바입니다.

A : 브라운씨, 오신 김에 주문을 부탁드립니다.

B : 제가 필요하다고 생각되어지는 것들을 적어보지요.

A : 대단히 감사합니다.

look at : ~을 보다, 바라보다, 자세히 보다, 고찰하다, 돌이켜보다 ; look away 눈길(얼굴)을 돌리다(from), look back 뒤돌아보다

judge 〔ʤʌʤ〕: n. vt. vi. 재판관, 법관, 판사, 감정가, 감식가, 전문가, 재판하다

from 〔frəm〕: prep. [이유·판단의 근거를 나타내어] ~을 보고, ~에 의하여

simulation 〔símjuléiʃən〕: n. 모의실험, 가장, 흉내, 동물의 의태, 의색

with~ attached : ~을 붙인, ~을 장치한 ↔without~ attached

attach 〔ətǽtʃ〕: vt. 붙이다, 달다, 바르다, 첨부하다, 접착하다, ~을 애정으로 묶다, ~에게 애착을 갖게 하다

may attract some buyers : 일부 구매자들의 흥미, 주의를 끌 수도 있다 ; may ~일지도 모른다, ~할 수 있다, ~해도 좋다

attract 〔ətrǽkt〕: vt. 주의 흥미를 끌다, 끌어당기다, 매력 등으로 유인하다 (allure), 매혹하다(entice)

You can probably : 당신은 아무 ~할 수 있다

get college students interested : 대학생들이 흥미를 갖도록 하다

get~ interested : ~에 흥미를 갖도록 하다

　　　　get + 목적어 + 형·현분·부사[구] : 장소, 상태에 이르게 하다
　　　　get + 목적어 + 과거분사 + 보어 : 시키다, ~하게 하다

interest 〔íntərist〕: n. vt. 흥미, 관심, 감흥, 재미, 관심사, 취미, 중요성

competitive figure 〔kəmpétətiv fígjər〕: 경쟁가격

competitive 〔kəmpétətiv〕: a. 경쟁적인, 경쟁의, 경쟁에 의한 ; competitive game 경기종목, competitive spirit 경쟁심

figures 〔fígjər〕: n. 아라비아 숫자, 숫자의 자리, 보통 수식어와 함께 합계 수, 액, 값 ; get at a low figure 싼값으로 구입하다

what we want : 우리가 바라는 바

place orders with + 사람 또는 회사 for + 물건 : ~에게 ~을 주문하다

on your way here : 여기에 온 김에

in the clouds : 하늘높이, 멍하니, 세상일에 초연하다

make a list of : ~의 표를 작성하다

what we're likely to want : 우리가 필요로 할 것 같은 것

be[am, are, is] likely to : ~일 것 같다, ~함직하다 ; likely ~할 것 같은

⟨WAVE BUSTER의 사용 방법⟩

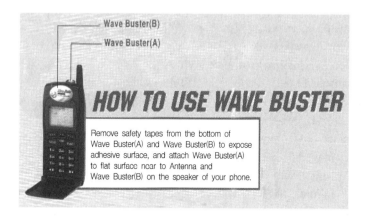

Wave Buster(B)
Wave Buster(A)

HOW TO USE WAVE BUSTER

Remove safety tapes from the bottom of
Wave Buster(A) and Wave Buster(B) to expose
adhesive surface, and attach Wave Buster(A)
to flat surface near to Antenna and
Wave Buster(B) on the speaker of your phone.

끈끈한 표면을 드러내기 위하여 Wave Buster(A)와 Wave Buster(B)의 밑바닥으로부터 안전 테이프를 떼어내고, Wave Buster(A)는 안테나 옆 납작한 표면에 그리고 Wave Buster(B)는 전화기의 스피커 위에 각각 부착하라.

〈WAVE BUSTER(B)의 단면의 사진〉

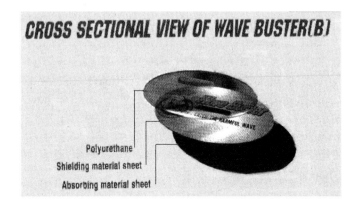

CROSS SECTIONAL VIEW OF WAVE BUSTER(B)

Polyurethane [pʌ̀lijúərəθein] : n. 《化》폴리우레탄(합성 섬유, 합
성 고무 등의 원료)

Shielding material sheet [ʃiːldiŋ mətíəriəl ʃiːt] : 차폐 물질의
얇은 판

Absorbing material sheet [əbsɔ́ərbiŋ mətíəriəl ʃiːt] : 흡수하는
물질의 얇은 판

CATCH THE HARMFUL WAVE[kætʃ ðə hɑ́ərmfəl weiv]
유해한 전파를 잡다

wave〔weiv〕: **n.** 파, 결, 빛, 소리 등의 파동, 전파, 파도, 물결, 기복, 굽이침. **vt.** 물결치다, 굽이치다, 너울거리다, 손·손수건 등을 흔들어 신호하다, 흔들리다, 펄럭이다 ; make wave 《구》풍파를 일으키다, attack in waves 물결처럼 밀려오다

buster〔bʌ́stər〕: **n.**《구》파괴하는 물건, 사람, 엄청난 것

buster : 난장판, 법석(spree), 흥겨워 떠드는 사람(rioter), 《속》아가, 이봐

how to : ~하는 방법 ; all you know how 네 힘껏, any old how 대강, 적당히

remove〔rimúːv〕: **vt.** 치우다, 제거하다, 없애다

bottom〔bátəm〕: **n.** 밑, 밑바닥, 기부, 기초, 근본, 근거, 진상, 바닥 ; the bottom 산기슭, 페이지의 하부

bottom-line〔bátəm-làin〕: 실리적인, 현실주의의, 손익계산만을 문제삼는

expose〔ikspóuz〕: **vt.** 공격·위험 등에 몸을 드러내다, 햇볕·비바람 등에 쐬다, 드러내다

adhesive〔ædhíːsiv〕: **a.** 끈끈한, 달라붙는, 접착성의. **n.** 접착 테이프, 반창고 ; adhesively 끈끈하게

surface〔sə́ːrfis〕: **n.** 표면, 수면, 겉, 외면, 외부 ; the surface 겉보기, 외관, 외양

attach〔ətǽtʃ〕: **vt.** 붙이다, 달다, 바르다, 첨부하다, 구속하다(arrest), 재산을 압류하다 ; attach oneself 소속, 부속, 가입시키다

flat〔flæt〕: **n. a. ad. v.** 평평한, 평면, 평평하게, 납작하게, 평평하게 하다 《구》바람 빠진 타이어 ; I've got a flat tire. 타이어가 터졌다

give the flat :《구》[구혼자를] 딱 거절하다, 퇴짜놓다

near to Antenna : 안테나 가까이에

catch〔kætʃ〕: **vt.** 좋지 않은 것을 잡다, 붙잡다, 내용을 파악하다

DIALOG 10 DESCRIBING PRODUCTS(1) (DESK THING STAND)

B : Well, you have some very nice desk things stands.

A : Thank you, Mr. Brown. Do these multi-role stands attract you?

B : Do you think these will interest buyers?

A : Yes. If they're looking for up-to-date stands, these will interest them.

B : Are they much in demand nowdays?

A : Yes, we have a rush of oreders.

B : Do you make them and supply them?

A : Yes, we do, Mr. Brown.

B : Let me have a little time to work out quantities.

A : Thank you, Mr. Brown. Hope we'll strike a bargain.

대화 10　상 품 설 명 (1) (사무용품 걸이)

B : 야! 아주 멋있는 사무용품 걸이가 있군요.

A : 감사합니다, 브라운씨. 이 다기능 걸이가 마음에 끌리십니까?

B : 귀측 생각에 이런 것이 소비자들의 마음에 들것으로 보십니까?

A : 네, 소비자들이 만일 최신식의 걸이를 찾고 있다면 이런 것이 그들의 마음에 들 겁니다.

B : 요즘 수요가 많습니까?

A : 주문이 쇄도합니다.

B : 직접 제작해서 공급합니까?

A : 네, 그렇습니다.

B : 주문 수량을 계산할 테니 시간을 좀 주십시오.

A : 감사합니다. 매매계약을 맺기를 희망합니다.

desk things stand : 탁상, 사무용품 걸이
multi-role [mʌ́lti-ròul] : a. 다기능의, 많은 역할[기능]을 가진
attract [ətrǽkt] : vt. 주의나 흥미를 끌다, 끌어당기다, 매력으로 유인하다
this one : 이것
interest [íntrist] : vt. 흥미를 일으키게 하다, 관심을 갖게 하다, 끌어넣다
buyer [báiər] : n. 사는 사람, 사는 쪽, 소비자, 구매계원
up-to-date [ʌptədéit] : a. 최신(식)의, 최근의, 첨단적인, 사람이 현대적인
on demand : 요구(수요)가 있는 즉시
demand [dimǽnd] : n. 수요, 수요량, 판로, 요구, 청구, 요구사항, 문의
nowadays [náuədèiz] : ad. 오늘날에는, 요즈음에는 n. 오늘날, 현대, 요즘 ;
　　　　the youth of nowadays 요즈음의 청년들
have a rush of orders : 주문이 쇄도하다 ; be on order 주문되어 있다
drive a bargain : 애써서 흥정하다
drive a hard bargain : 흥정[교섭]을 유리하게 추진하다(for), 값을 마구 깎다
rush [rʌʃ] : vt. vi. 쇄도하다, 돌진하다, 돌격하다, 서두르다
supply [səplái] : vt. 공급하다, 보충하다, 수요에 응하다, 필요물을 충족하다
let me have a little time to : ~할 시간을 좀 주세요
work out quantities : 주문량을 산출하다 ; prefer quality to quantity 양보
　　　　다 질을 택하다
in large(small) quantities : 다량으로[소량으로], 많이[적게]
strike(make) a bargain : 매매계약을 맺다, 흥정이 성립되다
buy at a (good) bargain : 싸게 사다
That's a bargain : 이것으로 결정이 났다 ; make the best of a bad
　　　　bargain 역경에 잘 대처하다, beat a bargain 값을 깎다
rush : n. 하찮은 물건 ; not care a rush 조금도 개의치 않는
be under order to do : ~하라는 명을 받고 있다
customer [kʌ́stəmər] : 거래처, 단골, 고객
supply customers with order : 거래처에 주문품을 공급하다

B : One thing I've noticed about shelf props is the weak material.

A : Please put your mind at ease, Mr. Brown.
The kernel part you pointed out is made of special material so that it can bear heavy things.

B : I'm reassured by your saying so.

A : As you know the props seldom last as long as the shelves. So we're particularly strict about that.

B : Can I look at the main parts?

A : Sure, Mr. Brown. Come this way, please.
This one here is typical.

상 품 설 명 (2) (사무용품 걸이)

B : 선반 받침에 관해서 하나 걸리는게 있는데 재료가 약하군요.

A : 그 점은 안심하십시오.
지적하신 핵심 부분은 무거운 물건을 지탱할 수 있도록 특수재료로 만들었습니다.

B : 그렇게 말씀하셔서 안심이 됩니다.

A : 잘 아시겠지만, 받침대가 선반만큼 오래간다는 것은 좀처럼 없습니다. 그래서 저희는 그 점에 아주 각별히 완전을 기하고 있습니다.

B : 주요 부분품을 볼 수 있습니까?

A : 보시고 말고요, 이쪽으로 오십시오.
여기 있는 게 대표적인 것입니다.

One thing I've noticed about : ~에 대하여 알아낸 한 가지는
shelf prop = shelf supports = the supports of the shelf : 선반의 받침대
weak〔wi:k〕: a. 약한, 연약한, 가냘픈, 허약한, 우둔한, 모자라는, 부족한
put~ mind at ease : 안심하다 ; at (one's) ease 마음 편하게, 여유있게
the nub you pointed out : 당신이 지적하신 핵심
the nub〔ðə nʌb〕:《구》= nubbin〔nʌ́bin〕요점, 핵심
is made of special material : 특수재료로 만들어지다
bear〔bɛər〕: vt. 무게를 지탱하다, 견디다, 몸에 지니다, 마음에 품다, 낳다
heavy things : 무거운 것들
reassure〔rìːəʃúər〕: vt. 안심시키다, 다시 용기를 내게 하다
strain[stretch] a point : 특별히 고려하다, 좀 너그러이 봐주다
your saying so : 전치사 by의 목적어가 되는 동명사, your는 동명사
(As) you know : 잘 아시겠지만, 잘 아시는 바와 같이
prop〔prɑp〕: n. 지주, 버팀목, 받침, 받치는, 막대, 기둥, 지지자, 후원자
seldom〔séldəm〕: ad. 드물게, 좀처럼 ~않다 ; not seldom 왕왕, 간혹
last〔læst〕: vi. 견디다, 상하지 않다, 오래가다, 질기다, n. 구두골 ; stick to
　　　one's last 분수를 지키다, 쓸데없는 참견을 하지 않다
as long as : 만큼 오랫동안, ~하는 동안, ~하는 한은, ~하기만 하면
shelves〔ʃelvz〕: n. 선반들(단수는 shelf〔ʃelf〕선반, 시렁, 한 시렁분의 것,
　　　낭떠러지의 암봉, 암초)
particularly〔pərtíkjulərli〕: ad. 특히, 각별히, 두드러지게, 자세히, 낱낱이 ;
　　　explain it particularly 그것을 자세히 설명하다
strict〔strikt〕: a. 엄한, 엄격한, 꼼꼼한 ; strict rules 엄한 규칙, 완전한
be particularly strict about~ : ~에 아주 각별히 완전을 기하다
main parts : 주요한 부품 ; main〔mein〕a. 주요 부분을 이루는, parts [pl.]
　　　~로 부품, 자동차 부품
come this way, please : 이쪽으로 오세요, 절 따라 오세요
typical〔típikəl〕: a. 전형적인, 대표적인, 상징적인, 대표하는 ; be typical of
　　　~을 대표하다, ~을 상징하다

AT THE KOREA EXHIBITION CENTER

B : Do you have a stand at the Office Supplies Trade Exhibition, Mr. Brown.

A : Yes, we do, Mr. Brown.

B : I'd like to see the whole line of your product.

A : I'd be glad to show you, Mr. Brown.
This is the pamphlet covering the whole line of them.

B : Thank you, Mr. Kim.

A : Here we're at Trade Exhibition, Mr. Brown. Come this way, please.
This is the stand where our whole line of products are displayed. Would you like a cup of hot coffee, Mr. Brown?

B : Yes, thank you.

A : How would you like your coffee? Regular or black?

B : Just a little sugar.

대화 12 한국 종합전시장에서

B : 사무용품류 전시장에 장소를 가지고 계십니까?

A : 네, 있습니다.

B : 귀사 제품의 전 종류를 보고 싶습니다.

A : 기꺼이 보여 드리겠습니다.
이것이 전 종류를 포함하는 팜플렛입니다.

B : 감사합니다.

A : 전시장에 도착했습니다. 이리 오십시오.
여기가 저희 전 상품이 진열된 장소입니다. 뜨거운 커피
한 잔 하실까요?

B : 네, 감사합니다.

A : 어떻게 드십니까? 보통인가요. 블랙인가요?

B : 설탕만 조금 넣어 주세요.

stand〔stænd〕: vi. vt. n. 장소, 위치, 기립, 저항, 반항, 처지, 노점, 매점
office supplies : 사무실 공급물
trade exhibition : 무역 전시회, 무역 전람회, 박람회 ; trade acceptance 수
　　　출인수어음, trade gap 무역 수지의 적자, trade balance 무역수지.
I'd like to see : 구경하기 원합니다, 구경하고 싶다
the whole line of : ~의 전 종류 ; whole[houl] a. 시간, 거리 등 꼬박~,
　　　꼭~, 만~, a whole year 꼬박 1년
products〔prádʌkt〕: n. 제작품, 산출물, 생산품, 소산, 결과
I'd be glad to~ : 나는 기꺼이 ~하겠다
show〔ʃou〕: vt. 보여주다, 보이다, 나타내다, 내놓다, 제시하다, 출품하다
pamphlet〔pǽmflit〕: n. 팜플렛, 특히 시사 문제의 소논문
pamper〔pǽmpər〕: vt. 욕망을 힘껏 채워주다, 응석 받다
covering the whole line of them : 그것들 전 종류를 포함하는
Here we are : 다 왔다, 자, 왔다, 자, 어서, 여기 있습니다 ; Here I am.
　　　다녀왔습니다, 자, 왔다
Here we go[again]! : 《구》지겹게도 또 시작이야
this is the stand where 주어 + 동사 : 여기가 ~하고 있는 장소이다
are displayed : 전시되어 있다, 진열되어 있다
display〔displéi〕: vt. 전시하다, 진열하다, 장식하다, 표시하다, 감정 등을
　　　나타내다, 능력 등을 발휘하다, ~을 드러내 보이다, 과시하다, 깃
　　　발·돛을 펼치다, 날개 등을 펴다 ; on display 진열하여, make a
　　　display of ~을 드러내 보이다, out of display 보란 듯이
Would you like : ~을 원하십니까?
a cup of hot coffee : 커피 한 잔 ; a cup of 의 발음은 '어 커 퍼'로 한다
　　　('어 컵 오브'로 하지 않음)
Thanks, but no thanks! : 고맙긴 하지만 사양하겠소!
How would you like : (커피, 스테이크 등을) 어떻게 드십니까?
No thanks : 《구》아닙니다, 괜찮습니다 ; No thanks! 그만둬라, 귀찮아
thank to : ~의 덕택으로, 덕분에(owing to), 나쁜 일에도 쓰임
regular〔régjulər〕: n. 설탕과 프림을 각각 넣은 커피, 정규병, 수도사
just〔dʒʌst〕: ad. 다만, 오직, 조금, 만, 바로, 틀림없이, 마침

GOODS OF THE LATEST MODEL [FASHION]

A : Well, to get down to business, how's the market for office supplies in your country, Mr. Brown?

B : They're much in demand, steady demand.

A : We've got these lines. They're in much demand.
All of them have new features.
Please take leaflet.
It gives all the outstanding features, Mr. Brown.
This is the information we have on new types.

B : Thank you, Mr. Kim.

A : Please take this one here, too.
You can't decide on what quantities you'll order until you see what we have, I suppose, Mr. Brown.

B : Thank you, Mr. Kim.

대화 13　최신형[최신 유행] 상품

A : 그런데 우리 업무 이야기인데요.
　　　귀국의 사무용품 수요는 어떻게 되어 가나요?

B : 수요가 많습니다. 수요가 꾸준합니다.

A : 이러한 것이 있습니다, 수요가 많습니다.
　　　모두가 다 새로운 특징이 있습니다.
　　　이 광고를 드리겠습니다.
　　　모두 눈에 띄는 특징이 쓰여져 있습니다.
　　　이것은 신형에 대한 저희가 가지고 있는 설명서입니다.

B : 감사합니다.

A : 여기 이것도 드리겠습니다.
　　　어떤 물건을 저희가 가지고 있는지 모르시면 주문하실 것
　　　을 결정하실 수 없으시겠지요.

B : 감사합니다.

well 〔wél〕: ad. a. int. n. (놀람·의심 등을 나타내어) 이런!, 저런!, 어머!
how's the market for : ~에 대한 수요는 어떤가
office supplies : 사무실 공급품 = office stuff
be much in demand : 수요가 많다
go steady : 《구》정해진 이성과 교제하다, 서로 사랑하는 사이가 되다(with)
steady 〔stédi〕: a. n. v. 안정된, 확고한, 한결 같은, 흔들리지 않은
to say nothing of : ~은 말할 것도 없거니와 ; to nothing 무효로
in nothing flat : 《구》눈 깜짝할 사이에, 순식간에
plenty of competition : 많은 경쟁 ; plenty of 많은
we've got : 구어에 쓰는 have의 뜻
line 〔lain〕: n. (상) 상품의 종류, 재고품, [pl.] 주름살(wrinkle), 얼굴 등의
          손금, 노선, 항로, 방침, 주의, 경향
all of them : 그것들 모두 ; of all~ 《구》많은 ~가운데서, 하필이면~
all the go(rage) : 대단한 인기로, 대 유행으로
features 〔fíːtʃər〕: n. 두드러진 특징, 특색, 주요점, 주요 프로, 인기프로
competition 〔kàmpətíʃən〕: n. 경쟁, 경기, 시합, 경쟁자
leaflet 〔líːflit〕: n. 낱장으로 된 인쇄물, 광고, 작은 잎, 조각 잎
It gives : 광고에 쓰여 있다, 사전 등에 실려 있다 ; give 책이 ~을 싣다
outstanding 〔òutstǽndiŋ〕: a. 눈에 띄는, 현저한, 미불의, 미해결의
all the outstanding features : 모든 두드러진 특징
leave outstanding : 그대로 두다, 미지불로 두다
information 〔ìnfərméiʃən〕: n. 자료, 통지, 정보, 통보, 보고, 보도, 교시
decide on : ~으로 정하다, ~에 대하여 판결을 내리다
what we have : 우리가 가지고 있는 것 (what은 의문문이나 간접 의문문에
          서는 '무엇'을 뜻하고, 선행사를 포함한 관계대명사로 쓰일 때는
          '~것'을 뜻함)
I suppose : (문장 후미에 써서) ~이겠지요
not~ until~ : ~이 되어 비로소 ~하다 (until은 부정어인 not과 같이 쓰여
          ~이 되어 비로소 ~하다)

THE TERMS YOU ARE CONSIDERING

B : Finally could you tell me the terms you're considering?
Are they down payment or usance payment, Mr. Kim?

A : We'd like to ask that the invoice value be covered by letter of credit.

B : Ah, I see. And delivery, could you supply them fairly promptly?

A : Sure, we could.
What lines are you interested in?
This article only?

B : Anything that's new(Anything just put out).

A : I see. By the way do your retailers back home happen to ask you for information on our newest things just put out?

B : They often do.

A : Please take these folders with you then.

귀측이 생각하고 있는 조건

B : 끝으로 귀측이 생각하고 있는 조건에 대해서 말해 주실 수 있습니까?
즉전인가요, 또는 수표인가요?

A : 송장 금액은 신용장으로 해주실 것을 부탁드리고 싶습니다.

B : 아, 알겠습니다, 그리고 인도에 대한 말씀인데, 아주 즉각 공급이 가능한가요?

A : 가능하고 말고요.
어떤 품목에 관심이 있으신가요? 이 물건뿐인가요?

B : 새로운 것이면 가리지 않습니다.

A : 알겠습니다, 그런데 귀측 나라의 소매상들이 혹시 저희들의 방금 나온 신제품에 대한 정보를 부탁하지 않습니까?

B : 자주 부탁합니다.

A : 그럼, 이 접는 광고지를 가져가십시오.

finally [fáinəli] : ad. 최후로, 마침내, 드디어, 결국, 최종적으로, 결정적으로

could you = Can you : ~하여 주시겠습니까?(could you가 더 공손한 표현)

the terms you're considering : 귀측이 생각하고 있는 조건

down payment : 즉전(즉석에서 금전을 지불하는 일, 맞돈)

down [daun] : a. 현금 구입 등에서 계약금의 ; down payment 계약금

usance payment : 수표지불 ; bills draw at (double) usance (2배의) 기한 부어음

usance [júːzəns] : n. (금융) 어음기간, 환어음의 만기일까지의 기간

payment [péimənt] : n. 지불, 납입, 불입 ; make payment 지불하다, 불입하다

we'd like to ask that 주어 + 동사 : ~할 것을 부탁하고 싶다

invoice value [ínvɔis vǽljuː] : 송장 금액 ; make an invoice of ~의 송장 을 만들다

be covered by : (담보로) 보상하다, 담보물을 걸다

letter of credit : 신용장

delivery [dilívəri] : n. 인도, 배달

supply [səplái] : vt. 공급하다(supply + 목적어 + 전치사 + 명사, 목적어에 명사를 공급하다)

fairly promptly [féərli prámptli] : 아주(완전히, 정말로), 즉시(재빨리, 즉석에)

what lines : 어떤 상품(종류)

be interested in : ~에 관계하고 있다, ~에 이해관계를 가지다

article [áərtikl] : n. 품목, 물품, 물건, 같은 종류의 한 개, 하나. [pl.] articles 계약, 규약 ; an article of clothing 의류 한 점

retailers back home : 본국에 소매상인들 ; home products 국산품, the home market 국내시장, a home question 급소를 찌르는 질문

happen to : 혹시 ~하다, 우연히 ~하다

ask~ for information on : ~에 대한 정보를 부탁하다

newest things just put out : 방금 나온 신제품

take~ with you : ~을 가지고 가다 ; take + 사람 + to+장소 ~을 ~에 데 리고 가다

folder [fóuldər] : n. 접는 광고지, 접는 책, 접는 지도, 서류철로 쓰는 접지

be interested to do : ~하고 싶다, ~해서 즐겁다

REPEAT ORDERS

A : Have you disposed of all those goods we sent you?

B : Yes, we have, Mr. Kim.
Retailers have sent us some encouraging reports on your goods.

A : I'm very glad to hear that.

B : They particularly like multi-role clips.

A : Are the orders coming in steadily?

B : Yes, they are. We'd like to place some repeat orders.

A : Thank you, Mr. Brown. We could fill orders.
Repeat orders account for much of your business. How soon do you need them?

B : The sooner the better, Mr. Kim.

재 주문

A : 저희가 보내드린 상품은 모두 처분하셨나요?

B : 네, 그렇습니다.
소매업자들로부터 귀사의 상품에 관하여 힘을 북돋아 주는(유망한) 보고를 보내왔습니다.

A : 그 말을 들으니 대단히 반갑습니다.

B : 그들은 특히 다기능의 클럽을 좋아합니다.

A : 주문이 꾸준히 들어오고 있습니까?

B : 네, 그렇습니다. 재주문을 좀 하고 싶습니다.

A : 감사합니다. 주문에 응할 수 있습니다.
재주문이 들어오기 때문에 잘 팔리고 있다는 것을 알 수 있습니다.
언제까지 필요하십니까?(어느 정도 빨리 필요하십니까?)

B : 이르면 이를수록 더 좋습니다.

Have you disposed of : ~을 팔아 버렸습니까?

disposed of : ~을 처분하다, 처치하다, 결말을 짓다, 팔아버리다, 지우다, 해치우다, 죽이다 ; dispose of oneself 거취를 결정하다, 처신하다

those goods we sent you : 저희가 보내드린 그 상품들

retailers [ríːteilər] : n. 소매상인, 말전주꾼

encouraging [inkə́ːridʒiŋ] : a. 힘을 북돋아 주는, 유망한, 격려의, 장려의 ; encouragingly ad. 격려하여, 격려하듯이 ↔opp. discouraging

reports on : ~대한 보고(서), 공보, 학교의 성적표, 신문 등의 보도, 기사 [pl.] 판례집, 폭음, 포성

to hear that : 그 말을 들으니(감정을 나타내는 to 부정사의 부사적 용법) ~하니, ~해서

multi-role clip [mʌ́lti-ròul klip] : 다기능의 서류집게 ; multi-[mʌ́lti] 많은, 여럿의, 몇 배의(연결형)

steadily [stédili] : ad. 착실하게, 견실하게, 척척, 꾸준히

steadfast : a. 고정된, 흔들리지 않는, 신념 등이 확고한, 단호한, 불변의

we'd like to~ : 저희는 ~하기 바랍니다

place repeat orders : 재주문을 하다

fill orders : 주문을 이행하다

fill [fil] : vt. 수용에 응하다, 약속 등을 이행하다, 요구·직무 등에 충족시키다, 마음을 흡족하게 하다, 충분히 만족시키다

account for : 사실이 ~의 설명(원인)이 되다, 사람이 ~의 이유를 밝히다, 설명하다

run short : 부족하다, 없어지다, 부족하게 하다(of) ; be taken[caught] short 갑자기 뒤가 마렵다, 불시에 당하다

soon [sun] : ad. 곧, 이내, 잠시 후, 쉽게, 머지 않아, 예정보다 일찍, 빨리

as soon as possible(may be) : 될 수 있는 대로 빨리, 한시 바삐 ; Soon got, soon gone = Soon gotten, soon spent 쉽게 얻은 것은 쉽게 없어진다

(The) least said, (the) least mended : (속담) 말이 적으면 화근도 적다

The sooner, the better : 이르면 이를수록 좋다

at the earliest : 빨라도, 일러도 ; at an early date 머지않아서, at your earliest convenience 형편이 닿는 대로, 되도록 빨리

How soon~? : 어느 정도 빨리~

How will(How'll) you have it? : 《구》어때, 한 잔 안 할래?

How say you? : 당신의 생각은?

How often~? : 몇 차례냐?(몇 번이나?)

How do you like~? : ~을 어떻게 생각하십니까?

How did you like it? : 인상은 어떠하였습니까?

and how〔ænd háu〕: 《구》매우, 굉장히, 그렇고말고, 이만저만 ; Prices are
        going up, and how! 물가가 이만저만 오른게 아냐

Short accounts make long friends : 샘이 빨라야 친분이 오래간다

cut short : 갑자기 끝내다, 갑자기 막다

short account : (증권) 단기 매도 증권

sell short : 《상》공매하다, 《구》얕보다, 과소평가 하다

stop short of doing : ~까지는 하지 않다

stop short : 갑자기 멈추다

NO OTHER GOODS CAN COMPETE WITH OURS

A : Did you have any trouble with the last month shipment of our goods?

B : Not that I know of.
We're well satisfied with the shipments you've sent to us so far.
What can you offer this time?

A : I'd recommend KAHWA MAGIC HANGER.
This is the pamphlet covering the whole line of HANGERS.

B : Are you sure that these can compete with some of the new models we see on the market nowadays?

A : Yes. It's our firm belief that no other goods can compete with ours both in price and in quality.

B : It's worth thinking.

대화 16 우리 상품과 경쟁할 수 있는 상품은 없다

A : 저희 상품의 지난달 분 선적에 무슨 문제라도 있으셨습니까?

B : 내가 아는 한 그렇지 않습니다.
저희들은 지금까지 귀사가 보내오신 적송품엔 대단히 만족스럽습니다.
이번엔 어떤 물건을 권하시겠습니까?

A : KAHWA MAGIC HANGER를 권하고 싶습니다.
이것이 HANGER의 전 품목을 포함하는 팜플렛입니다.

B : 이것들이 요즘 우리가 시장에서 볼 수 있는 일부 신형들과 경쟁할 수 있다고 확신하십니까?

A : 네, 그렇습니다. 가격과 품질에 있어서 폐사의 상품과 경쟁할 수 있는 것은 없다고 확신합니다.

B : 생각해 볼만하군요.

Did you have any trouble with : ~에 무슨 문제가 있습니까?
have some trouble to : ~하는데 약간 애를 먹다
Did you have much trouble (in) 동명사 : ~하는데 많이 힘드셨습니까?
be in trouble(s) with = have a trouble with : ~와의 사이에 말썽이 나있다
get into trouble : 말썽이 나다, 경찰에 불려가다, 처벌당하다
get a person into trouble = make trouble for a person : 폐를 끼치다, 말
　　썽나게 하다, 임신시키다
Not that I know of : 《구》 내가 아는 한 그렇지 않다
we're well satisfied with : ~에 대단히 만족스럽다
so far : 지금까지, 여태까지 ; So far so good 지금까지는 그런 대로 잘 했다
offer [ɔ́:fər] : vt. 물건·원조 등을 권하다, 제공하다, 제출하다
this time : 이번엔 ; with time 시간이 흐름에 따라
I'd = I would : 나는 ~하고 싶다(would는 1인칭 주어와 함께 말하는 사람
　　의 의견·감정을 완곡하게 표현함)
recommend [rèkəménd] : vt. 권하다, 충고하다, 추천하다, 천거하다
satisfy a person of a fact : ~에게 어떤 사실을 납득시키다
KAHWA MAGIC HANGER : 가화 요술 걸이 ; magic [mǽdʒik] a. 마술
　　의, 마력의, 매력 있는, 신비한. n. 요술, 기술, 마법, 마술
the pamphlet covering : ~을 포함하는 팜플렛
the whole line of : 전 종류의, 전 종목의
Are you sure that~ : 당신은 ~을 확신하십니까?
can compete with : ~와 경쟁할 수 있다, ~와 견줄 수 있다
nowadays [náuədèiz] : ad. 오늘날에는, 요즘
It's our firm belief that~ = we're sure that~ : 저희는 that절의 상황을 확
　　신한다
in both price and quality : 가격과 품질 양쪽에서
It's worth 동명사 : ~할 가치가 있다, ~할만하다 ; worth [wɑrθ] a. 동명사
　　와 함께 ~할 가치가 있는
firm [fɑrm] : a. 확고한, 흔들리지 않는, 빈틈없이, 꽉 짜인, 굳은, 단단한
　　ad. 단단히, 굳건히 ; hold firm (to) 끝까지 고수하다
belief [bilíːf] : n. 믿음, 확신, 신념, 소신, 신앙, 신뢰, 신용
I believe that~ (My belief is that~) : 내 생각에는

BUSINESS NEGOTIATION

A : Lots of our products are going overseas.
About 70% is going abroad.

B : Is that so?

A : Is there anything that I can book for you now?

B : Well, if your prices are right, you can.

A : You'll get right prices. You can rely on that.

B : Well, I'm afraid I can't place any definite orders
with you off hand.
But I'll be asking you for quotations later on.
Well! It's going on 5 o'clock.

A : Are you going back to the hotel now?

B : Yes, I am.

A : Then I'll get our man to drive you back to the hotel.
Please wait for a minute, Mr. Brown.

B : Thank you, Mr. Kim.
I'll look into that when I get back to the hotel.

상 담

A : 폐사의 많은 제품이 해외로 나가고 있습니다.
약 70%가 해외로 나갑니다.

B : 그렇습니까?

A : 지금 주문하실 것이 좀 있으십니까?

B : 글쎄요, 가격이 적당하면 할 수도 있지요.

A : 적당한 가격으로 구입하실 겁니다. 그 점은 안심하십시오.

B : 저, 아무래도 준비 없이 당장은 확실한 주문을 할 수 없습
니다만, 나중에 시세를 내달라고 부탁드리게 되겠지요.
이런! 다섯 시가 다 되어가는군.

A : 호텔로 돌아가시겠습니까?

B : 네, 돌아가야겠습니다.

A : 그러시면 저희 직원이 차로 모셔다 드리도록 하겠습니다.
잠시만 기다려 주십시오, 브라운씨.

B : 감사합니다, 미스터 김.
호텔에 돌아가서 검토하겠습니다.

lots of our products : 폐사의 많은 물건들 ; stuff〔stʌf〕n. 물건, 사물, 재료,
　　원료, 자료, 직물, 포목, 음식물, 음료, 약, 마약

go overseas ＝ go abroad : 해외로 나가다 ; overseas trade 해외 무역,
　　an(the) overseas Chinese 화교

book〔buk〕: vt. 이름·주문 등을 기입하다, 좌석·방을 예약하다, 표를 사
　　다, 이름을 등록하다

right〔rait〕: a. 적당한, 적절한, 더할 나위 없는, 아주 좋은, 바른, 옳은, 틀
　　림없는, 맞는, 정확한, 정상적인

right prices : 맞는 가격 ; get it right 올바르게 이해시키다

act a right part : 올바른 행위를 하다

rely on : ~을 믿다, 의지하다, 신뢰하다, I rely on you to come 꼭 와 줄
　　것을 믿고 있겠다

I'm afraid : 말씨를 부드럽게 하는데 쓰여 유감으로 생각하다, 유감이지만
　　~라고 생각하다

I won't be able to~ : ~할 수 없을 것이다(I'll be able to의 부정형)

place any definite orders with you : 귀사에 확실한 주문을 하다

just now : 바로 지금, 방금, 바로 직전

I'll be asking you for~ : 귀사에 ~을 부탁할 것이다 ; if I may ask~
　　물어서 실례일지 모르지만

off hand : 준비 없이, 즉시로, 당장은, 준비 없이 당장은

quotations〔kwoutéiʃən〕: n. 시세(표), 시간(on), 견적·견적액(for)

later on : 나중에

Well! : int. (놀람·의심 등을 나타내어) 이런! 저런! 어머! 뭐라고! 글쎄!

Well : (말을 계속하거나 용건을 꺼낼 때 써서) 그런데, 저어, 글쎄

It's going on : 시간·연령이 거의 ~이다 ; while the going is good 형세
　　가 불리하기 전에

Are you going back to~ : ~에 돌아가십니까?

I'll get our man to~ : 우리 직원을 시켜 ~하도록 하겠다 ; (get ＋ 목적어
　　＋ 부정사 보어) 권하여 ~하게 하다, ~하도록 설득하다, ~하게
　　하다

take you in the car : 차로 모시다

What does it look like? : 어떻게 생긴 것이냐?

look one's age : 제 나이로 보이다

look into : ~을 들여보다, ~을 조사하다, 연구하다, 검토하다, look it 그렇게 보이다, look like ~인 것 같다, It looks like rain 비가 올 것 같다

look on the bright(dark) side of : ~을 낙관(비관)하다, 일일이 조사하다

look over : ~을 대충 훑어보다, 눈감아 주다

look small : 수줍어하다, 오므라들다

look onto : 방향이 ~으로 면하다

definite 〔défənət〕: a. 명확한, 한정된, 일정한 ; a definite answer 확답

abroad 〔əbrɔ́ːd〕: ad. 국외(해외)로

DIALOG 18   SILICON TECH SALES MANAGER

B : Is that the Silicon Tech Company?

A : Yes, sir. Silicon Tech sales manager speaking.
Can I help you?

B : Yes. I got your company's name as a supplier
of Photolithography Process Equipment.
Now how can I get to your office?
I'm calling from the Hilton Hotel.

A : Oh, you are. We'll get our man to pick you up,
sir. May I have your name, please?

B : David Miller is my name. I'm in room 205.

A : Right, thank you.
We will be there by 1:30.
Where can I meet you, sir?

B : You can come to my room.
Room No. 205 on the second floor.

A : I'll do that, thank you.

B : You're welcome. I'll be expecting you.

SILICON TECH 판매부장

B : 거기가 실리콘 기술 회사입니까?

A : 네, 그렇습니다. 실리콘 기술의 판매부장입니다.
무엇을 도와드릴까요?

B : 저-. 사진 석판술 처리장비 공급업 회사로 이름을 알고
있습니다.
그런데 귀사를 어떻게 찾아 갈 수 있습니까?
지금 힐튼호텔에서 전화하고 있습니다.

A : 아, 그러십니까. 저희직원을 시켜서 차로 모시겠습니다.
성함이 어떻게 되십니까?

B : 데이비드 밀러입니다. 205호실에 있습니다.

A : 알겠습니다, 감사합니다.
저희 차가 1시 30분까지 도착할 것입니다.
어디서 만날 수 있을까요?

B : 방으로 오셔도 좋습니다. 2층 205호실입니다.

A : 감사합니다, 그렇게 하겠습니다.

B : 천만에요. 기다리겠습니다.

---

silicon 〔sílikən〕 : n. 《化》규소(비금속 원소로 기호는 Si, 번호는 14)

Silicon Valley : 실리콘 밸리(고도의 전자 산업이 밀집된 San Francisco Bay 남쪽 분지의 통칭)

photolithography 〔fóutouliθágrəfi〕 : n. 사진 석판술

Is that~ : 거기가 ~입니까?

Silicon Tech Limited : 현존 회사명으로 사진 석판술 처리 장비 생산 공급업

sales manager : 판매부장 ; sales 〔seilz〕 a. 판매(상)의, manager 〔mǽnidʒər〕 n. 부장, 국장

as a supplier of : ~의 회사로서, ~의 공급자로서, ~의 배달자로 ; supplier 〔səpáiər〕 n. 공급자, 회사, 국

process 〔práses〕 : n. 만드는 방법, 순서, 공정, 처리

equipment 〔ikwípmənt〕 : n. 집합적으로 방비, 비품, 설비, 준비, 채비

now 〔nau〕 : ad. a. n. conj. 그런데, 그렇다면, ~이니까, ~인 이상

how can I get to~ : 어떻게 찾아가나요 ; get 도착하다, 장소에 이르다

I'm calling from : ~에서 전화하고 있다 = I'm speaking from~ ; I'm calling from에서 'm이 be 동사이므로 그에 대한 답도 be 동사로 are이 쓰임

Oh, you are : 아, 그러시군요

We'll get our man to~ : 저희는 저희 직원을 시켜서 ~하도록 하겠다

pick up : 차를 가지고 가서 사람을 태우다, 집어 올리다, 채집하다

get in right with a person : ~의 마음에 들다, ~의 환심을 사다

will be there by~ : ~까지(시간) 도착하다, ~까지 갈 것이다

Where can I~ : 내가 어디에서 ~할 수 있나요

expect 〔ikspékt〕 : vt. (약속한 사람이나 차 등을) 기다리다, 기대하다, 예기하다, 예상하다 ; expect the worst 최악의 경우를 예상하다

a stage manager : 무대감독

process : 인쇄의 제판법, 전산 정보 데이터를 처리하다, 소송절차, 영장.

DIALOG 19 I'LL DRIVE ROUND TO THE FRONT ENTRANCE

A : Mr. Miller? I'm from the Silicon Tech Company.

B : Oh, yes. Come right in, please.
Just give me a second to get my things together.
I won't keep you long.

A : Please take your time. I can wait.

B : OK. I'm ready to go. Shall we go?

A : Yes, Mr. Miller, my car is in the parking lot.
I'll drive round to the front entrance here.

B : Please don't bother. I'll walk to the parking lot.

A : Let me take your things, Mr. Miller.

B : Thanks.

A : Here we are. After you, please.

차를 돌려 출입구 앞에 대겠습니다

A : 밀러씨 입니까? 저는 실리콘 기술회사에서 왔습니다.

B : 아, 네. 어서 들어오세요.
가지고 갈 물건을 챙기게 잠시만 시간 좀 주세요.
오래 걸리지 않습니다.

A : 천천히 하세요, 기다릴 수 있습니다.

B : 좋습니다. 갈 준비가 됐습니다.

A : 그러죠, 밀러씨. 제 차가 주차장에 있는데 차를 돌려 출입구 정면에 대어 드리겠습니다.

B : 일부러 그러지 마세요. 주차장까지 걸어가겠습니다.

A : 제가 짐을 들어드리죠.

B : 고맙습니다.

A : 자, 여기입니다. 먼저 타십시오.

Come right in, please : 어서 들어 오십시오
give me a second : 잠시만요, 잠시 시간 좀 주세요
get my things together : 가지고 갈 물건을 챙기다
I won't = I will not : 나는 ~하지 않겠다
keep you long : 당신을 오래 놔두다
take your time : 천천히 하세요
I'm ready to : 나는 ~할 준비가 되다
Shall we~ : 우리 ~하실까요 ; (상대방의 의향을 물을 때)
drive round to : 차를 돌려 ~에 대다
front entrance : 출입구 정면에
Please don't bother : 일부러 그럴 필요 없습니다
Let me take your things : 드신 물건을 제가 들어 드리겠습니다
Here we are : (목적지에 도착했을 때) 자, 왔다, 여기입니다
After you, please : 먼저 타시죠, 먼저 들어가시죠, 먼저 가세요, 먼저 하세요
Welcome! : 어서 오십시오
Walk up! : (손님을 끌기 위한 극장 등의 문지기의 말) 어서 오십시오
Come on in : (아이에게) 어서 오너라
What can I do for you?, Can I help you, sir[ma'am] : 어서 오세요, 도
　　와드릴까요?
keep + 목적어 + 목적격보어 : 어떤 위치·관계·상태에 두다
　　keep a razor sharp : 면도칼을 예리하게 하다
　　keep one's children in : 아이들을 밖으로 내보내지 않다
　　keep you long : 당신을 곁에 오래 두다
　　keep you waiting : 당신을 기다리게 하다
　　keep it up : 《구》 곤란을 무릅쓰고 계속하다
　　keep up the good work : 《구》 계속해서 하다
　　keep up with : 사람·시류 등에 뒤떨어지지 않다, 지지 않다
keep at : 꾸준히 힘쓰다, 열심히 하다, 재정적으로 원조하다
be in (low) bad keep : 보존이 잘 되어 있지 않다↔be in good(high)
　　keep 보존이 잘 되어 있다
keep a person up to a collar : 열심히 공부하게 하다
keep ahead : 남보다 앞서다

DIALOG 20　FROM THE HOTEL TO THE HEAD OFFICE

A : Our Head Office is located in Sungnam-si.
It takes about 40 minutes.

B : It's a good distance, isn't it?

A : Yes, it is.

B : My schedule is rather tight.
I hope I'll be able to see the Head Office and
the articles you have on display at the same
time.

A : I'm sure that you'll be able to do so.
You'd find a visit worthwhile, I believe.

B : I'm sure I would.

A : Here we are at our Head Office.
This way, please. It's on the fifth floor.
Shall we talk over coffee, Mr. Miller?

B : OK. Let's do that.

호텔에서 본사까지

A : 저희 본사는 성남시에 있습니다.
시간은 약 40분 걸립니다.

B : 상당한 거리군요?

A : 네, 그렇습니다.

B : 나의 일정이 조금 빡빡합니다.
본사와 귀사가 전시해 놓은 물건을 동시에 볼 수 있으면
좋겠습니다.

A : 그렇게 하실 수 있으리라고 확신합니다. 가치 있는 방문인
것을 아시게 될 것입니다.

B : 그렇게 될 것으로 믿습니다.

A : 본사에 다 왔습니다.
이쪽으로 오십시오, 사무실이 5층에 있습니다.
커피나 드시면서 말씀 나눌까요, 밀러씨?

B : 좋습니다. 그럽시다.

head office〔héd ɔ́:fis〕: n. 본사, 본점, 본부

is located : 위치해 있다 ; located〔lóukeitid〕a. ~에 위치하여

It takes : 시간이 ~가 걸리다(It은 시간을 나타내는 비인칭 주어)

a good distance : 상당한 거리

schedule〔skédʒu(:)l〕: n. 시간표, 표, 일람표, 예정, 계획, 일정 v. 시간표,
　　　표, 일람표, 예정, 계획, 일정 등을 작성하다 ; a train schedule 열
　　　차시간표

rather〔rǽðər〕: ad. int. 약간, 좀, 다소, 오히려, 차라리

tight〔tait〕: a. 빈틈없는, 단단한, 단단히 맨, 꽉 죄인, 팽팽한, 위나 가슴이
　　　답답한, 옷 등이 꽉 끼는

I hope I'll be able to~ : 나는 ~할 수 있기를 바란다

will be able to : (can의 미래형) ~할 수 있을 것이다 ; able〔éibl〕a. 할
　　　수 있는↔opp. unable 할 수 없는

the articles you have on display : 귀사에 있는 진열품

at the same time : 동시에

I'm sure that you'll be able to~ : 나는 귀하가 ~할 수 있을 것으로 확신
　　　하다

Sure : (Thank you에 대한 답변으로) 천만에 말씀, 뭘요

so〔sóu〕: ad. conj. 그만큼, 대단히, 그렇게, 그런 식으로, 그래서 그러므로,
　　　정말로, 실제로

You'd find a visit worthwhile : 귀하의 방문이 가치 있었구나 하실 겁니다

worthwhile〔wə́:rθwáil〕: a. ~할 보람이 있는, 시간과 노력을 들일만한, 상
　　　당한, 훌륭한

worthy〔wə́:rði〕: a. 가치 있는, 존경할만한, 덕망 있는, 적당한, 상당한, ~
　　　하기에 족한, ~에 알맞은

believe〔bilí:v〕: vt. 믿다, ~라고 생각하다, 여기다, 종교를 믿다

I'm sure I would : 틀림없이 ~일 것이다

be sure of : ~에 자신을 가지다

be sure of oneself : 자신이 있다

make sure : 확인하다, 확신하다, 꼭 ~하다

Here we are at : ~에 다 왔다

the fifth floor : 5층

over coffee : 커피를 들면서

Shall we ~? : 우리 ~할까요?, (상대방의 의향을 물을 때) Shall I ~? 제가 ~할까요?

over [ðuvər] : prep. ad. a. n. v. ~하면서, ~을 마시면서, talk over a beer 맥주를 마시면서 이야기하다, wait over a cup of coffee 커피를 마시면서 기다리다

worthy to do, worthy 전치사 ~ing : ~하기에 손색이 없는, ~할만한 가치가 있는; She's a woman who is worthy to take the head 지도자가 되기에 손색이 없는, The event is worthy of being remembered 그 사건은 기억해둘 만하다

O.K. Let's do that : (Shall we ~?에 대한 긍정적인 답변) 좋습니다, 그렇게 합시다

find [faind] : vt. 경험해서 알다, 깨닫다

find + 목적어 + 보어 : (주어는 '목적어'가 '보어'하다는 것을 알다); We found it difficult to do so. 그렇게 하는 것은 곤란하다는 것을 알았다

SHOWROOM

A : Mr. Miller. I'd like you to give us an idea of what business you want to take up with us?

B : That's just what I've called to see you about. First I'd like to see the articles you have on display.

A : We'd be glad to show you, Mr. Miller. Come this way, please. Here we are. This is our main showroom.

B : Say! You've got some nice things here. Do many overseas buyers come?

A : Yes, sir. Quit a few buyers. Do you like the articles we have on display? These are all we have on display.

B : I do.

진 열 실

A : 저희와 무슨 거래를 하고자 하시는지 설명해 주시겠습니까?

B : 실은 그래서 귀사를 보러 왔습니다.
우선 전시된 귀사의 물건들을 보고 싶습니다.

A : 기꺼이 보여드리겠습니다. 이쪽으로 오십시오.
여기입니다. 여기가 제일 멋있는 전시실입니다.

B : 야! 이건 훌륭한 물건들이군요.
해외 바이어들이 많이 옵니까?

A : 네, 그렇습니다. 꽤 많이 옵니다.
전시된 저희 물건이 마음에 드십니까?
이것들이 저희가 전시해 놓은 전부입니다.

B : 마음에 듭니다.

I'd like you to~ = I want you to~ : 나는 당신이 ~해 주었으면 한다

give us an idea of~ : 우리에게 ~을 알게(깨닫게) 하다, ~에게 ~라고 생
　　　각하게 하다

What business : 무슨 거래 ; business〔bíznis〕n. 거래, 상업, 경기

take up with : ~와 시작하다, 학대 등을 참다, 《구》 ~와 사귀다, 교제하다,
　　　~와 친해지다, 동숙하다

That's just what : 실은 그래서 ; That's just it(the point) 바로 그것(점)이다

call to see you : 보러오다 ; call together 소집하다, 불러모으다, call a
　　　person to account ~에게 책임을 묻다, 꾸짖다, 책하다

first〔fə́:rst〕: ad. (문두에 써서) 우선 첫째로

articles you have on display : 귀사가 진열한 물건들 ; on display 진열하
　　　여, 전시하여, out of display 보란 듯이

we'd be glad to~ : 저희는 기꺼이 ~하겠습니다

main〔mein〕: a. 주요한, 주요 부분을 이루는, 최고도의, 충분한, 전력을 다
　　　한. n. 가스·수도의 본관, 본토

showroom : 진열실, 전시실

I say! = Say! : 야아! 어머! 여보세요, 잠깐만, 정말이에요(일반적으로 미국
　　　에서 Say!을 많이 씀)

You've got : 당신은(귀사는) 가지고 있다, 귀사에는 있다 ; have got = have
　　　= got 《구》 have got을 씀

I've got to go now : 이제 가야겠다(have got to = have to = must)

have got to : 《구》 ~하지 않으면 안 된다

nice things : 훌륭한 물건들, 괜찮은 물건들

thing〔θiŋ〕: n. 물건, 일, 맡은 일. [pl.] 사물, 물정, 풍물, 문물, 사태, 정세
　　　; all things 온갖 것들, 만물, 우주

overseas buyers : 해외 구매자들, 외국의 구매자

quite a few : 《구》 꽤 많은, 상당수의 ; be quite the thing 대유행이다

not quite the thing to do : 아주 좋다고는 할 수 없는, 좀 신통치 않지만
　　　(할 수 없다)

Do you like~? : ~이 마음에 드십니까?

like : 닮은, ~와 같은(같이), ~다운, 비슷한

DIALOG 22　WORKING UP A GOOD BUSINESS

B : I'm sure we could work up a good business in these lines.

A : That's very encouraging, Mr. Miller.

B : Like I said my schedule is rather tight.
I've got to go back to the hotel now.
I'd like to go into details tomorrow morning.
Could you pick me up at 10 o'clock, Mr. Kim.

A : Of course I could.
Do you want me to come to your room again?

B : Yes, please. I'll be expecting you there.

A : Thank you very much for coming all the way to our Head Office.

B : I've enjoyed seeing the articles.

A : Please wait a moment, Mr. Miller.
I'll get our man to drive you back to the hotel.

B : I appreciate your kindness.

대화 22 좋은 거래를 발전시켜 나가다

B : 저희는 이런 종류라면 잘 팔릴 것으로 확신합니다.

A : 그 말씀 대단히 고무적입니다.

B : 말씀드린 것처럼 일정이 조금 빡빡합니다.
지금 호텔로 돌아가야만 하겠습니다.
내일 아침 자세한 이야기를 하고 싶습니다.
10시에 태우러 올 수 있습니까?

A : 물론입니다.
또 방으로 찾아가길 원하십니까?

B : 네, 부탁합니다. 그때 기다리겠습니다.

A : 먼길을 무릅쓰고 본사까지 와 주셔서 대단히 감사합니다.

B : 물건 구경 잘 했습니다.

A : 잠시만 기다리십시오.
직원이 호텔까지 차로 모시도록 하겠습니다.

B : 친절에 감사합니다.

could〔kəd, kud〕: (can의 과거로 can보다는 더 공손한 표현으로 쓰임) ~
하여 주시겠습니까?, ~하여도 괜찮겠습니까?

work up a good business: 좋은 거래를 발전시키다, 확장하다; work up
사업 등을 노력하여 점차 발전시키다, 확장하다, 노력하여 얻다

in these lines: 이런 물품들이면; line [lain] n.《상》상품의 종류, 재고품

That: (앞서 언급하였거나 서로 양해되어 있는) 그 말씀, (사물을 가리켜)
그 일, 그 것

encouraging〔inkə́ːridʒiŋ〕: a. 북돋아 주는, 유망한, 격려의, 장려의

like I (just) said: 방금 말씀드린 것처럼

I've go to~: 나는 ~하지 않으면 안 된다(=must, have to)

go back to~: ~에 돌아가다

back〔bæk〕: ad. 다시, 제자리에, 원위치에, 뒤로, 뒤에

go into details: 자세히 이야기하다

Could you pick me up~: 저를 태우러 올 수 있습니까?(can you보다 공
손한 표현)

Do you want me to~: 제가 ~해 주기를 바랍니까?

expect〔ikspékt〕: vt. 기다리다, 기대하다, 예기하다, 예상하다, ~할 작정이다

all the way: 먼길을 무릅쓰고

I've enjoyed + 동명사: 나는~을 잘 했다

drive you back to~: 차로 ~에 돌아가도록 태워주다

appreciate〔əpríːʃièit〕: vt. 남의 호의 등을 고맙게 생각하다

kindness〔káindnis〕: n. 호의, 친절, 애정, 우정, 친절한 행위

PARTICULARS

A : How do you like most of the stuff we handle?
Do you like them?

B : Generally speaking I do.
Can I have some particulars of these, if you will, please?
I'd like to mail them to our office back home.

A : Right. Here you are, Mr. Miller.
The latest in everything we handle.

B : Thank you.
I'm sure we can do something with these equipments.
Can you give me a rough idea of the prices?
I think I'll cable your offer and get head office to start buying your stuff.

A : I wish you would, Mr. Miller.

명세서

A : 저희가 취급하는 대부분의 물건들을 어떻게 생각하십니까?
모두 마음에 드셨던가요?

B : 대체로 그랬습니다.
웬만하면 이 명세 설명서를 주시겠습니까?
본국 본사에 우송하고 싶습니다.

A : 자, 됐습니다. 여기 있습니다.
저희가 취급하는 전 품목의 최신형들입니다.

B : 감사합니다.
이런 장비라면 뭔가 좀 잘 될 것 같습니다(잘 할 수 있을
것 같습니다).
가격을 대충 알 수 있을까요.
본사에 가격을 알려 귀사의 물건들을 시매하도록 할 생각
입니다.

A : 그렇게 해주시면 좋겠습니다.

How do you like~? : ~을 어떻게 생각합니까? ; How did you like it? 인상은 어땠습니까?

most of : 대부분의 ; most of all 그 중에서도 가장, 유달리

the stuff we handle : 저희가 취급하는 물건

Did you find~ to your liking? : ~이 마음에 들던가요?

to one's liking : 마음에 들어, 취미에 맞아 ; on liking (해보고) 마음에 들면, 견습의, 시험용의, have a liking for ~을 좋아하다, ~에 취미를 갖다

Generally speaking : 대체로 말하면 = Speaking generally

particulars〔pərtíkjulər〕: n. pl. 자세한 내용, 상세, 명세, 자초지종, 명세서

if you('ll) please : 미안합니다만, 제발, 부디, 놀랍게도, 글쎄

mail〔meil〕: vt. 우송하다, 우편으로 보내다

offer : 물건을 권하다, 제공가격, 부르는 값, 팔물건의 제공 ; special offer 특가제공, offer up 기도·제물을 드리다, 바치다, offer one's hand 구혼하다, 손을 내밀다

to our office back home : 고국 본사에

Right. Here you are : 됐습니다. 여기 있습니다

the latest〔ðə léitist〕: n. 최신 유행품, 최신 뉴스 ; at (the) latest 늦어도

everything we handle : 저희가 취급하는 모두

can do something with : ~라면 잘할 수 있다

This is the most (that) I can do : 이것이 내가 할 수 있는 최대한도(전부)의 것이다

for the most part =mostly : 대개, 대부분, 거의, 주로

equipment〔ikwípmənt〕: n. 집합적으로 장비, 비품, 설비

can you give me a rough idea of~ : 나에게 ~을 대충 알려줄 수 있나요

rough idea : 대충의 어림 ; rough〔rʌf〕a. 대강의, 대충의. idea〔aidíə〕n. 어림, 느낌

cable your offers : 전신으로 가격을 알리다

get head office to~ : 본사로 하여금 ~하도록 하다

start buying your stuff : 귀사의 물건들을 구매하기 시작하다

offer〔ɔ́:fər〕: n. 제공가격, 부르는 값, 구혼, 청혼 ; make an offer 값을 매기다, 제의하다, 제공하다

PRICE NEGOTIATION

A : Speaking of prices, The prices to you would have to be worked out − I mean F.O.B. and C.I.F. prices.

B : What's the ex factory price of what I see here?

A : What you see here range from ◯◯ dollars to around ◯◯ dollars ex factory, Mr. Miller.

B : Thank you, Mr. Kim.
Let me look into that when I go back home and let you know within this month.

A : Thank you very much, Mr. Miller.
I'd be pleased if you would.
We'll be looking forward to your happy news.

가격 교섭

A : 가격이야기인데요, 해드릴 가격은 계산해 봐야겠습니다.
그러니까 F.O.B.와 C.I.F. 가격 말씀입니다.

B : 내가 보고 있는 여기 이 물건의 공장도 가격은 얼마입니까?

A : 여기 보시고 계신 것들은 공장도 가격으로 ○○에서 대략 ○○까지 오르내립니다.

B : 감사합니다.
고국에 돌아가 검토해보고 이 달 안으로 연락을 드리겠습니다.

A : 대단히 감사합니다.
그래주시면 대단히 좋겠습니다.
반가운 소식 있기를 즐거운 마음으로 기대하겠습니다.

Speaking of : ~에 관해서 말한다면, ~의 이야기라면
the prices to you : 귀사에 해드릴 가격
would have to be worked out : 계산이 되어지지 않으면 안되다 ; would
　　have to = will have to ~되어져야(해야만) 할 것이다
be worked out : 계산되어지다 ; work out 산정하다, 산출하다, 문제를 풀다,
　　애써서 성취하다
FOB = F.O.B. = f.o.b.(free on Board) : 《상》 본선인도 ; 파는 사람이 배에
　　짐을 싣기까지의 비용을 부담함
CIF = C.I.F. = c.i.f (Cost, Insurance & freight) : 운임 보험료 포함 가격
ex factory [èks fǽktəri] : 공장도 ; ex [eks] prep. 《상》 ~에서 인도하는
　　(sold from)
what I see here : 내가 보고 있는 여기 이것
what you see here : 귀하가 보고계신 여기 이것
range from : 변화하다, 온도계 등이 오르내리다 ; from~ to~ 변화의 범위
　　가 ~에서 ~까지이다
range [reindʒ] : v. 변화하다, 온도계·가격 등이 오르내리다. n. 열, 범위,
　　사정, 변화의 범위
to around : 대략 ~까지
I'd be pleased : 좋겠다
if you would : 만일 그래 주시면
Let me look into that~ : 검토해 보겠다
when I go (back) home : 본국에 돌아가면
let you know : 연락하겠다
within [wiðin] : prep. ad. a. n. ~이내에, 집안에, 옥내에, 내부의 ; from
　　within 《문어》 안, 내부, seen from within 안에서 보니
we'll be looking forward to : ~을 즐거운 마음으로 기다리다, ~을 손꼽아
　　기다리다
happy news : 반가운 소식
happy [hǽpi] : a. 행복한, 기쁜, 즐거운, 만족한, 행운의, 다행한 ; a happy
　　idea 명안, by a happy accident 운 좋게
she is happy in having : ~을 가져서 만족해하고 있다
I shall be happy to~ : 기꺼이 ~하겠습니다

AN IRREVOCABLE LETTER OF CREDIT

A : This is Mr. Kim speaking.

B : Mr. Kim, David Miller. You probably remember me.

A : Of course, Mr. Miller.
I recognize your voice. And I'm so glad to hear your voice.
Can you take any?

B : I imagine we can.

A : Like I said, you'll find a fairly lively demand for our goods.

B : I hope so. What are your terms?

A : Hope you'll open an irrevocable letter of credit in our favor.

B : How about shipment?

A : The delivery will be within one month after we get your L/C.

대 화 25   취소 불능 신용장

A : 김입니다.

B : 미스터 김, 데이비드 밀러입니다. 아마 절 기억하실 겁니다.

A : 물론입니다, 밀러씨.
음성을 들으니 알겠군요. 그리고 음성 들어서 대단히 기쁩니다.
뭘 좀 주문하시겠습니까?

B : 그럴까 합니다.

A : 말씀드린 것처럼 저희 상품들이 꽤 활발한 수요가 있을 겁니다.

B : 그랬으면 좋겠습니다. 지불조건은 어떻습니까?

A : 우리를 수익자로 하는 취소불능 신용장을 발행해 주시기 바랍니다.

B : 선적은 어떻습니까?

A : 인도는 L/C 인수후 한 달 이내가 될 것입니다.

probably 〔prábəbli〕: ad. 아마, 십중팔구
recognize 〔rékəgnaiz〕: vt. 인정하다, 인지하다, 알아보다, 알아주다, 본 기
　　　억 있다. 알아보고 인사하다
voice 〔vɔis〕: n. 목소리, 음성, 목소리의 특색, 발언(권), 투표권
I'm so glad to~ : ~하게 되어 대단히 기쁘다
take : 가지고가다, 선택하다, 잡다, 얻다, 받다, 데리고 가다
imagine 〔imǽʤin〕: vt. 상상하다, 생각하다
like I said : 말씀드린 것처럼
you'll find : 깨닫게 될 것입니다
a fairly lively demand : 꽤 활발한 수요
fairly 〔fɛərli〕: ad. 《구》아주, 정말로, 완전히, 꽤, 어지간히, 확실히, 공정히
lively 〔láivli〕: a. 기운찬, 활발한, 명랑한, 경쾌한, 생기에 넘친
demand 〔dimǽnd〕: n. 《경》수요(량), 판로, 요구하다, 필요로 하다
terms 〔tɑrm〕: n. 지불관계의 조건(그 이외의 여러 가지 조건은 conditions)
Hope you'll : 귀측이 ~하기를 희망합니다
open an irrevocable letter of credit : 취소불능 신용장을 개설하다
irrevocable 〔irévəkəbl〕: a. 취소할 수 없는, 변경할 수 없는
letter of credit : 신용장
in our favor : 우리를 수익자로
favor 〔féivər〕: n. 호의, 친절, 친절한 행위, 은혜, 청, 부탁, 편애 ; in favor
　　　of ~에게 지불하도록, ~에 찬성하여, ~에 편들어
shipment 〔ʃípmənt〕: n. 선적, 수송, 발송, 뱃짐, 선하, 선적량, 적하 위탁 화물
delivery 〔dilívəri〕: n. 배달, 인도, 명도, 교부, 출하, 납품, 배달물
within 〔wíðin〕: prep. ~이내에. a. 내부의. n. 안, 내부

DIALOG 26 ASKING TO OPEN L/C FOR YOUR INDENT NO. 7

A : Mr. Miller, we confirm our cable dispatched yesterday, asking to open L/C for your indent No. 7.

B : We've opened on irrevocable & confirmed L/C in your favor.

A : What are the terms of price you're considering?

B : I hope you'll be able to quote F.O.B. Pusan and C.I.F. New York.
(I wish you would quote F.O.B. Pusan and C.I.F. New York)

A : We'll be glad to do as you like.
You may rest assurd.

A : 밀러씨, 귀사 주문 No. 7에 대한 L/C의 개설을 의뢰하는 전보를 어제 타전하였음을 확인합니다.

B : 귀사 앞으로 취수불능 확인 신용장을 개설했습니다.

A : 귀측이 생각하고 있는 가격 조건은 무엇입니까?

B : 부산 본선 인도와 보험료 운임포함 뉴욕 도착 가격 조건의 가격 제시를 해주었으면 좋겠다고 생각됩니다.
(나는 귀측이 부산 본선 인도와 보험료 운임포함 뉴욕 도착 가격 조건의 가격 제시를 해주시기 바랍니다)

A : 귀사가 바라시는 대로 기꺼이 해드리겠습니다.
안심하시기 바랍니다.

confirm〔kənfə́ːrm〕: vt. 확실하게 하다(make firm), 확립하다(establish firmly)

cable〔kéibl〕: vt. 해외 전보를 치다. vi. 통신을 해저 전신으로 보내다

dispatched〔dispǽtʃ〕: 급보를 발송하다. n. 급송, 발송

asking to open L/C : 신용장 개설을 요청하는

indent No. 7. : 주문번호 7번 ; indent〔indént〕 n.《상》주문서, 구매위탁, 수탁 구매품, 해외로부터의 주문

irrevocable & confirmed : 취소불능 확인

confirmed : 확인된, 확립된, 비준된, 굳어버린, 상습적인, 병이 만성인(chronic)

in your favor : 귀사 앞으로

the terms of price : 가격 조건

considering : 생각하고 있는. prep. ~치고는, ~을 고려하면, ~생각하면
conj. ~을 생각하면, ~이므로

consider〔kənsídər〕: vt. 숙고하다, 고찰하다, ~을 ~이라고 생각하다

I hope you'll be able to~ : ~해 줄 수 있으면 좋겠다고 생각한다

quote〔kwout〕:《상》상품의 시세를 말하다, 시세를 매기다, 견적하다

F.O.B. Pusan : 부산항 본선인도.《영》《상》free on board 본선인도

C.I.F. New York : 보험료 운임포함 뉴욕도착 가격

rest assured : 안심하다 ; assured〔əʃúərd〕 안심하여 ; Rest(You may rest) assured 안심하시오

You may rest assured that I'll keep my promise : 약속은 틀림없이 지키겠으니 안심하시오

I wish you would~ : 나는 귀측이 ~해 주시기 바랍니다

be assured of (that) : ~을 확신하다

I'll be glad to~＝I shall be glad to~ : 기꺼이 ~하겠다 ; I shall be glad to what I can. 기꺼이 힘자라는 데까지 하겠습니다

feel[rest] assured of [that] : ~에 안심하고 있다

considering ad.《구》[문미에서] 비교적, 그런 대로

quote a price : 거래 가격을 부르다

DIALOG 27 IN THE WAY OF UNIT PRICE REDUCTION

B : Mr. Kim, we couldn't go any further into, you know, our negotiation last month because of unit prices.

A : No, Mr. Miller.
Did you ask us to go into our figures again to see what we can do in the way of unit price reduction?

B : Yes, I did. You said you would.

A : Yes, you wanted us to cut that at least 5 percent, if I remember correctly.

B : That's right.

A : You're asking us to get down to around 100 dollars, aren't you?
We'll certainly try to close a deal, Mr. Miller.

단가를 인하하는데 있어서

B : 김씨, 지난달 단가 때문에 서로 협상을 더 진전시키지 못 했었지요.

A : 네, 밀러씨. 저희에게 다시 계산해서 단가 인하를 하는데 있어서 어느 정도 할 수 있는지 조사해 보라고 부탁하셨 던가요?

B : 네, 그랬습니다. 그리고 당신은 그렇게 하겠다고 했었습니 다.

A : 네, 제 기억이 정확하다면 단가를 적어도 5%까지 내려주 시기를 바라시는 것이었지요.

B : 맞습니다.

A : 단가를 100달러 정도로 내려주기를 부탁하시는군요. 밀러씨, 거래가 성사되도록 정말 노력하겠습니다.

can not any further into our negotiation : 교섭(협상)을 더 이상 진전시키
    지 못하다
carry on(break off) negotiations : 교섭을 속행하다(중단하다)
further〔fə́ːrðər〕: ad. 정도가 더 나아가서
negotiation〔nigòuʃiéiʃən〕: [종종 p.] 협상, 교섭, 《상》어음 등의 유통, 양
    도 ; be in negotiation with ~와 교섭중이다
enter into[open, start] negotiations with : ~와 교섭을 개시하다
under negotiation : 교섭 중
unit price : 단가
Did you ask us to~? : 저희한테 ~하도록 부탁 했었나요?
go into our figures again : 다시 한 번 계산하다 (= do figures again)
go into : ~에 들어가다, ~을 자세히 조사하다, 검토하다, ~을 상세히 논하
    다, (문 등이) ~로 통하다, 직업으로서 종사하다, ~의 일원이 되
    다, 참가하다, ~한 태도를 취하다
figures〔fíɡjər〕: [pl.] 계산 ; go into figures 자세히 계산하다
in the way of : ~한 점에서, ~으로서는, ~의 방해가 되어
reduction〔ridʌ́kʃən〕: n. 할인, 삭감, 축소, 감소, 축도, 변형, 정리
close a deal : 거래가 성사되다
you'd like us to~ = you want us to~ : 우리가 ~해 주기 바라다
cut that at least 5 percent : 적어도 5%까지 값을 내리다
if I remember correctly : 내 기억이 정확하다면
That's right : 맞는 말씀입니다
You're asking us to get down to around~ : 저희에게 ~정도까지 값을 내
    리도록 청하시는군요
use and wont : 세상의 관습(보통 one's wont는 습관, 버릇, 풍습을 뜻함)
We'll certainly try to~ : 저희는 ~하도록 정말 노력하겠다

DIALOG 28 THE BUYERS' REACTION

A : It's very nice to see you again, Mr. Miller.
The public's reaction to the new model was good, I suppose.

B : Yes, the buyers' reaction was good.

A : Is that really so? That's good going.
We have two or three different makes of new cars, Mr. Miller.

B : This is a nice looking car.
Is this the newest car just put out?

A : Yes, it is.
Personally I would recommend.
Appearance comes first, you know.

B : I must say it seems to be a good car · [a solid car]
Can I see the engine?

A : Certainly, sir.

　구매자들의 반응

A :　밀러씨, 다시 뵙게 되어 반갑습니다.
　　　신형에 대한 사람들의 반응은 좋았었겠지요.

B :　네, 구매자들의 반응이 좋았습니다.

A :　정말 그렇습니까? 상황이 순조롭군요.
　　　저희에게 두세 개의 다른 형의 새차가 나와 있습니다.

B :　이 차가 근사하군요.
　　　방금 나온 새차인가요?

A :　네, 그렇습니다.
　　　개인적으로 권하고 싶습니다.
　　　겉모양이 우선 아니겠습니까?

B :　좋은 차라고 할 수 있습니다, 튼튼하게 만들었군요.
　　　엔진 좀 볼까요?

A :　알겠습니다, 보시지요.

It's very nice to~ : ~하니 대단히 흐뭇하다
the public's reaction to the new model : 신형차에 대한 일반 사람들의 반
　　　향
I hear : [소문을 들어] 알고 있다, ~이더라, ~라면서
the buyers' reaction : 구매자들의 반응
really so : 정말 그러한
That's good going : 잘 되가는군요, 일이 순조롭군요 ; going 《구》 일의 진
　　　행 상황, 작업 상황
two or three different makes of new cars : 두세 가지 다른 형의 새차
a nice looking car : 괜찮은(훌륭한, 좋은) 차 ; nice 괜찮은, 훌륭한, 좋은,
　　　looking ~으로 보이는, ~한 얼굴을 한
the newest car just put out : 방금 나온 최신형 차 ; newest (new의 최상
　　　급) 최신의
I suppose : [문미에 붙여] ~이 겠지요
just put out : 방금 나온, 방금 출판된, 방금 방송된, 방금 대출된,
　　　방금 발표된
put out : 밖으로 내다, 하청 주다, 새싹이 트다, 출판하다, 발표하다,
　　　대출하다, 투자하다
personally [pə́:rsənəli] : ad. 개인적으로, 하나의 인간으로서, 몸소, 친히, 직접
I would~ : 나는 ~하고 싶다(would는 조동사로 소망의 뜻)
recommend [rèkəménd] : vt. 권하다, 충고하다, 추천하다
appearance [əpíərəns] : n. 외관, 외양, 양상, 체면, 사람의 풍채, 생김새,
　　　출현, 출두
comes first : 우선하다
I must say : ~라고 말할 수 있다
It seems to be : ~인 것 같다
solid [sálid] : a. 견고한, 튼튼한, 견실한, 자신이 있는, 기초가 튼튼한,
　　　고체의, 단단한

CAR SALESMAN'S DIALOG (1)

A : Won't you have a look at the back to see what the storage place is like?
It opens easily.

B : Have you readied a car for a trial run?
I'd like to try it out.

A : Yes, we have. Come this way, please.
Please take a short spin.
For comfort and economy ours give good value for money than competing makes.
I mean they're economical to run and maintain.
That's where you get the saving.
Are you ready to take any?

B : We'll take 150 of these.

자동차 판매원의 대화 (1)

A : 짐 넣는 곳이 어떻게 되어 있는지 보시기 위해 뒤를 보시지요.
쉽게 열립니다.

B : 시운전할 차가 준비되어 있습니까?
충분히 시운전을 해보고 싶습니다.

A : 네, 차는 준비되어 있습니다. 이쪽으로 오실까요.
한번 꽉 달려 보십시오.
기분 좋은 승차감과 경제적인 면에서 저희 차는 다른 경쟁 회사의 제품보다 값어치만큼 충분히 가치 있는 것을 줍니다.
제 말은 경제적으로 운행되고 유지된다는 뜻입니다.
그게 바로 절약이란 말씀입니다.
주문하실 마음이 있으십니까?

B : 이것으로 150대 사겠습니다.

Won't you~? : (의지·권유·의뢰) ~하시지 않겠습니까? ~해 주시지 않겠
　　　습니까? ~할 작정이십니까?

have a look at : ~을 한 번 보다 ; have는 동사형의 명사 (a look)를 목적
　　　어로 하여 ~하다의 뜻

to see what the storage place is like : 보관할 곳이 어떤지 보기 위해서 ;
　　　storage place [stɔ́ːriʤ pleis] 보관 장소, 저장소, 창고

What~ is like? : 어떠한 것일까, 어떤 사람일까, 어떠한 기분일까

ready [rédi] : a. 준비가 된, 각오가 되어 있는, 언제든지(기꺼이) ~하려는

try it out : 엄밀하게 시험하다, 충분히 시험해 보다, 선발 등에 나가 보다

this way : 이쪽으로 ; that way 저쪽으로, 그런 식으로, 《미속》 반해서, 좋아서

take a spin : 차로 한바탕 달리다 ; spin 질주

to give it a try = to have try at it : 한 번 해보기 위해 ; a try 시험, 시
　　　도, 해보기, 노력

have a try at(for) it : 해보다

For comfort : 즐거움에서, 기분 좋은 승차감에서

comfort [kʌ́mfərt] : 즐거움, 생활을 즐겁게 해주는 것

For economy : 경제에서, 절약 면에서, 절약 사용 면에서

ours give better value for money : 우리 차는 돈에 대해 충분히 가치 있는
　　　것을 준다(값어치만큼 충분히) ; give good(better) value for ~에
　　　대해 충분히 가치 있는 것을 주다(값어치만큼 충분히~)

competing makes [kəmpíːtiŋ meiks] : 경쟁회사의 제품

I mean : 내 말은

economical to run and maintain : 운행과 유지가 경제적인 ; 여기서 to run
　　　and maintain은 앞 형용사 수식 to 부정사의 부사적 용법

That's where you get the saving : 그게 바로 절약이다(where는 선행사 포
　　　함하는 관계부사로 ~하는 곳) ; From saving comes having. 절약
　　　은 부의 근원

Are you ready to take any? : 주문할 마음이 되셨습니까? ; take 가져가다,
　　　we'll take~ 저희는 ~을 가져가겠다

150 of these : 이것으로 150대(개)

A : Even though ours are not the cheapest in prices, from what I have sold and all things considered, we've got a very nice machine in performance and appearance.

And appearance comes first before price nowadays.

B : That's just what it is.

A : How did you like a trial run?

Was the car very responsive to the steering wheel movements?

B : Yes, the steering was very sensitive.

A : Do you think speed does count for much as a selling point?

B : I don't think so.

자동차 판매원의 대화 (2)

A : 가격이 아주 싼 것은 아니지만, 지금까지 팔아본 바에 의하면 그리고 모든 점에서 숙고할 때 차의 성능과 외관상으로 저희들은 대단히 좋은 차를 가지고 있습니다.
그리고 요즘은 가격보다는 모양이 우선입니다.

B : 그것이 바로 현실입니다.

A : 시운전을 해보시니 어떤가요?
핸들의 움직임이 대단히 민감하던가요?

B : 네, 핸들의 느낌이 대단히 민감했습니다.

A : 속력이 판매 요점으로 중요하다고 생각하십니까?

B : 그렇게 생각하지 않습니다.

even though = even if ~ : 비록 ~할지라도
the cheapest in price : 값이 아주 싼
from what I have sold : 계속 팔아 온 바에 의하면 ; from (판단의 근거) ~으로 판단하여
all things considered : 모든 점에서 고찰(숙고)할 때
we've got : 저희는 가지고 있다
nice machine in performance : 성능이 훌륭한 차 ; machine 〔məʃíːn〕 자동차, 비행기, 자전거, 기계, 재봉틀
performance 〔pərfɔ́rməns〕 : 기계의 성능, 실행
appearance 〔əpíərəns〕 : n. 외관, 외양, 체면, 사람의 풍채, 생김새, 출현, 출두
before price : 가격보다 먼저
you know : 보시다시피, 아시다시피 ; 단지 가격을 두기 위해, 다짐하기 위해 문장의 중간이나 문미에 쓰임
That's just what it is : 그게 바로 현실이다 ; What it is 현실, what he is 인격, what he has 재산
How did you like ~? : 어떻든가요?
responsive 〔rispánsiv〕 : a. 민감한, 반응을 잘 일으키는(to), 이해가 빠른
a trial run[trip] : 시운전, 시승 시험 ; trial 〔tráiəl〕 n. 시도, 품질・성능 등의 실험이나 시험, 선수 후보 선발 시험, 시련, 고난
run : 운행, 운항, 항해, 주행시간(거리)
responsive to the steering wheel movements : 핸들의 움직임이 민감한 ; steering 〔stíəriŋ〕 n. 조타, 조종
steering wheel : 자동차의 핸들, 《해》 타륜
sensitive 〔sénsətiv〕 : (기계) 감도가 강한, 예민한
does count for much : 정말 중요하다, 정말 가치가 있다 ↔ count for nothing(little) 가치가 없다, 중요하지 않다
as a selling point : 《상》 판매 때의 상품의 강조점으로
come first : 우선하다
do나 does는 동사 앞에서 강조의 뜻으로 쓰여 '정말, 꼭'을 의미함

CAR SALESMAN'S DIALOG (3)

A : Just for your information, it was designed for 100 miles per hour, but I'm sure you can get more out of it than that.
Did you notice anything in driving?

B : In driving I noticed one or two improvements over previous models.
The dashboard is less crowded than those in other cars.
And brake is sharp in moderation.

A : I thought you would say that.

B : Let me have an owner-driver's manual or something that describes this model.

A : Sure. Here you are.

자동차 판매원의 대화 (3)

A : 참고로 말씀 드립니다만, 시속 100 마일을 내도록 설계되어 있지만 저는 차를 운전하시는 분들이 그 이상으로 속도를 내실 수 있다고 믿습니다.
운전하시면서 무언가 인지하신 것이 있습니까?

B : 운전하면서 이전의 차들보다 한두 가지 좋아진 것이 있다고 인지했습니다.
계기판이 다른 차들보다 덜 복잡합니다.
그리고 브레이크는 적당히 민감합니다.

A : 그 말씀하실 줄 알았습니다.

B : 자가용 손수 운전자의 소책자나 또는 이 모델을 설명하는 것이 있으면 가져가겠습니다.

A : 드리고 말고요, 받으시죠(여기 있습니다).

Just for your information : 그냥 참고가 되시도록
it was designed for~ : 그것은(차) ~로 설계되었다(계획되었다) ; design
　　　[dizáin] vt. 설계하다, 계획하다, 입안하다. n. 계획, 기도, 의도,
　　　꿈심
m.p.h(mph) = miles per hour : 시속
I'm sure you can : 나는 귀측이 ~할 수 있다고 믿습니다
get more out of it : 100mph보다 스피드를 더 내다
than that : 그 속도보다
notice [nóutis] : vt. 인지하다, 알아채다, 주의하다, 주목하다, 아는 체하다
in driving : 운전하는 동안에 ; in은 시간을 나타내어 ~동안, ~사이에,
one or two improvements : 한두 가지 개선된 것들
improvements [imprú:vmənt] : (동일물의) 개선(개량)된 것들, (전의 것에
　　　비하여) 향상된 것(on)
over the previous models : 이전의 형을 능가하여(비하여)
over [òuvər] : prep. (지배·우위) ~을 능가하여, ~을 지배하여, ~의 상위에
previous [prí:viəs] : a. 앞의, 이전의, 《구》조급하게 서두르는, 성급한,
　　　너무 이른
model [mádl] : n. 모형, 모델, 모범, 귀감, 자동차 등의 형
dashboard [dǽʃbɔ̀ərd] : n. 자동차·비행기의 계기판, 대시보드
less crowded [les kráudid] : 덜 혼잡한, 덜 붐비는
than those in other cars : 다른 차들의 계기판들보다(여기서 those는 dash-
　　　board를 말함)
sharp in moderation : 적당히, 예민한 ; sharp [ʃaərp] a. 예민한, 예리한
moderation [màdəréiʃən] : n. 정도에 알맞음, 중용, 온건
Let me have : 주십시오
owner-driver's manual : 자가용 손수 운전자의 소책자(편람·안내서·입문서)
something that describes the model : 이 형을 설명해 주는 것
describe [diskráib] : vt. 특징 등을 묘사하다, 설명하다, 말하다

```
권
판  사
본  유
소
```

무역실무영어(외국인을 상대로 한 BUSINESS ENGLISH)

2020년 06월 20일 인쇄
2020년 06월 30일 발행

지은이 | 박　형　훈
펴낸이 | 최　원　준

펴낸곳 | 태 을 출 판 사
서울특별시 중구 다산로38길 59(동아빌딩내)
등　록 | 1973. 1. 10(제1-10호)

■ **주문 및 연락처**
우편번호 ０４５８４
서울특별시 중구 다산로38길 59 (동아빌딩내)
전화 : (02)2237-5577　팩스 : (02)2233-6166

ISBN　978-89-493-0612-4　　　13740